RENCONTRES
676

Être, venir d'ailleurs et écrire en français

Actes du colloque « Être, venir d'ailleurs et écrire en français » organisé les 9 et 10 décembre 2019 à Sofia University « St. Kliment Ohridski », publiés avec le soutien de l'Organisation internationale de la Francophonie

ORGANISATION INTERNATIONALE DE la francophonie

Être, venir d'ailleurs et écrire en français

Sous la direction de Rennie Yotova

PARIS
CLASSIQUES GARNIER
2025

Rennie Yotova, professeure des universités, est spécialiste de littératures francophones à Sofia University « St. Kliment Ohridski ». Elle est directrice de l'enseignement et de l'apprentissage du français au sein de l'Organisation internationale de la Francophonie (OIF).

ISBN 978-2-406-18566-6 (livre broché)
ISBN 978-2-406-18567-3 (livre relié)
ISSN 2103-5636

AVANT-PROPOS

Cette langue qui les unit

Le Festival littéraire international de Sofia a accueilli du 9 au 15 décembre 2019 16 écrivaines et écrivains issus de 13 pays répartis sur les cinq continents. Consacré en 2019 aux littératures francophones, ce Festival était intitulé « Révolution sur les cinq continents » et a été co-organisé par l'Association « Livre bulgare » et le Bureau régional de l'OIF pour les pays de l'Europe centrale et orientale, sous le haut patronage du Ministère de la Culture bulgare. Le Festival mettait pour la première année à l'honneur les écrivains d'expression française : des écrivains venus d'ailleurs qui ont trouvé refuge, demeure, liberté dans cette langue hospitalière.

Ainsi le colloque sur le thème « Être, venir d'ailleurs et écrire en français », qui s'est tenu à l'Université de Sofia « Saint Clément d'Ohrid » les 9 et 10 décembre en prélude du Festival, a permis à des écrivains, chercheurs et universitaires de faire découvrir les différentes facettes de la langue française. Aux côtés d'auteurs ayant le français comme langue maternelle – François Henri Désérable (France), Bernard Comment (Suisse), Armel Job (Belgique), Jean-Marc Turine (Belgique), Denis Thériault (Canada), Jean Portante (Luxembourg) – ont participé des écrivaines et écrivains ayant choisi cette langue dans leur travail d'écriture : Anna Moï (Vietnam), Mahi Binebine (Maroc), Kim Thúy (Vietnam), Samira Negrouche (Algérie), Luan Rama (Albanie), Max Lobe (Cameroun), Elitza Gueorguieva (Bulgarie), Albena Dimitrova (Bulgarie), Axinia Mihaïlova (Bulgarie), Magda Carneci (Roumanie), Luisa Etxenike (Espagne) ; un témoignage sur les écrivains francophones d'Uruguay, dont Lautréamont, a été apporté par l'Ambassadeur d'Uruguay en Roumanie Omar Mesa.

Deux jours durant, les participants ont échangé sur divers sujets, notamment sur l'identité et l'avenir de la langue française au cœur de la littérature dans différents espaces géographiques.

Les conférences « L'art, l'inconscient, la transgression » d'Anna Moï et « La littérature est utile » de Mahi Binebine ont marqué l'audience en rappelant ce que peut et ne peut pas faire la littérature, créatrice d'espaces de dialogue de l'humanité, mais aussi d'intranquillité et d'étrangeté dans le « paysage linguistique hybride de deux langues » (Anna Moï). Certains tuent la langue maternelle pour ressusciter dans une langue étrangère, recréer une identité, revisiter le monde par un regard extérieur à soi-même et d'autres croient que « les hommes meurent mais ne tombent pas » (Mahi Binebine). En 2003, quatorze jeunes âgés entre 18 et 25 ans ont quitté Sidi Moumen, un bidonville à la périphérie de Casablanca, pour se faire exploser dans toute la ville. Cet acte pousse Mahi Binebine à passer beaucoup de temps dans la région pour comprendre. Il a écrit un roman, *Les étoiles de Sidi Moumen*, où il décrit le processus de la radicalisation, comment en si peu de temps on parvient à créer des bombes humaines. Ce livre a été traduit en une quinzaine de langues, adapté au cinéma par un metteur en scène franco-marocain, Nabil Ayouch, dans un film intitulé « Les chevaux de Dieu ». « Comme nous avions gagné de l'argent et de la notoriété sur la misère, nous avions décidé de rendre à ces enfants leur dû », a expliqué Mahi Binebine lors de sa conférence. Un premier centre culturel dans le bidonville de Sidi Moumen, puis un second près de Tanger, puis … cinq qui accueillent chacun 1000 enfants. « Alors oui, la littérature est utile quand elle a pour ambition de rendre le monde meilleur », a-t-il affirmé. Et cette affirmation fait écho à celle de J.M.G. Le Clézio qui s'interroge à quoi sert la littérature dans son dernier ouvrage *Identité nomade* :

> Si on n'y croit pas, la littérature n'a aucun pouvoir, et alors on retrouve la fameuse formule de Goering : « Quand on me parle de culture, je sors mon revolver. » S'il n'y a pas la culture, c'est la violence des armes qui parle[1].

Dans son vibrant discours, Mahi Binebine a rappelé que la littérature contribue au vivre-ensemble, par l'empathie, la rencontre de l'autre et sa meilleure compréhension et qu'elle peut représenter un lieu de résistance et d'inclusion pour les jeunes issus de quartiers défavorisés.

---

1 J. M. G. Le Clézio, *Identité nomade*, Paris, Robert Laffont, 2024, p. 75.

QUEL IMAGINAIRE DE LA LANGUE FRANÇAISE ?

Presque toutes les autrices et tous les auteurs dans ce volume n'ont pas la langue française comme langue maternelle, ils l'ont choisie, adoptée, préférée comme langue d'écriture ou langue de recherche scientifique. Cette langue cohabite en eux avec d'autres langues et ce multilinguisme est une des caractéristiques majeures des littératures d'expression française. Ainsi, des universitaires et des écrivaines et écrivains ont pu dialoguer, unis par la langue française qui est devenue leur langue d'écriture et de travail par des cheminements très divers et complexes.

« Comme mes langues, je suis multiple », confie Samira Negrouche et par là elle rappelle que le français est une langue algérienne et africaine qui se nourrit de l'oralité et des imaginaires africains, merveilleusement décrits par Max Lobe dans son premier roman *Confidences* (Éditions Zoé, 2016) comme les expressions utilisées par sa mère « intellectuel-long-crayon » qui se décline aussi au féminin avec la scolarisation progressive des filles « intellectuelles-long-crayon ».

Pour d'autres, la langue française symbolise la liberté, comme le rappelle dans son article Anne-Rosine Delbart en faisant référence à Assia Djebar « qui fait du français la langue de l'irréductibilité, la langue par laquelle les femmes osent dire non à la soumission séculaire dont elles sont les victimes. » Pour Bessa Myftiu la langue française procure aussi une liberté d'expression face aux « canons imposés à la langue et à la littérature albanaises par la dictature communiste. » C'est le cas aussi pour Vassilis Alexakis. Il s'agirait aussi de la liberté de manier la langue française en s'attaquant à sa syntaxe, à son usage habituel, en la réinventant ou la faisant dialoguer avec d'autres langues, à l'instar de Beckett ou Édouard Maunick. L'étude du roman *Comment peut-on être français ?* de Chahdortt Djavann proposée par Larissa Luica et Simona Necula montre aussi comment pour l'héroïne « le français, malgré tous ses efforts, ne pourra jamais exprimer son identité, son vécu, son expérience, parce qu'il ne lui sera jamais naturel. » Pour sa part Sony Labou Tansi propose expressément « [d'écrire] par étourderie, [...] de [parler] en chair-mots-de-passe. » Il adopte une autre posture de l'écrivain francophone, celle qui se rebelle contre la langue de l'Autre fétichisée et agent de sa déchéance, ce que Ibrahima Ndiaye définit comme viol linguistique.

« POST-COLONIALISME », « POST-NATIONALISME », CONSTRUIRE DES PONTS

Pour Magda Carneci « on entre dans l'époque de l'écrivain "post-national" ». Faut-il rappeler qu'historiquement, l'identité nationale forte a été associée au nationalisme agressif qui a dévasté l'Europe au XXe siècle ? Or, la littérature post-nationale tend à s'éloigner des canons littéraires nationaux traditionnels pour s'ouvrir à une diversité d'expériences, de langues et de visions du monde. L'immigré Tzvetan Todorov présenté dans sa complexité par Stoyan Atanassov affirme : « Nous sommes tous des métis culturels. » Ces écrivains post-nationaux questionnent ce que signifie être soi-même dans un contexte multi-culturel et multilingue. Ce qui fait dire à Tzvetan Todorov : « Je ne suis plus tout à fait bulgare, je ne suis pas complètement un Français comme les autres, je suis un hybride. » Écrivain et intellectuel hybride, Todorov explore l'identité multiculturelle, la notion d'appartenance, l'entre-deux-langues. Pour Luisa Etxenike, « passer naturellement d'une langue à une autre, écrire en deux langues me semble une façon de montrer qu'on appartient à une communauté plus large, complexe et plurielle ». Cette approche se veut universelle, « un geste européen » comme le définit l'auteure.

Antoaneta Robova rappelle que « le chez-soi » de Kundera n'est pas un espace circonscrit et littéral, mais cet ailleurs esthétique qui transcende les langues. L'écriture translingue interroge les identités en traversant les frontières des langues. Sara De Balsi montre une crise du paradigme monolingue, travaillé par des pratiques plurilingues chez Maryam Madjidi ainsi que la nouvelle perception du rapport à la langue, admettant une multiplicité d'appartenances chez Nina Yargekov. « *Double Nationalité* apparaît comme un lieu d'émergence d'un paradigme post-monolingue, ou multilingue, qui marquerait la fin du mythe du monolinguisme et le début d'une écriture véritablement *au-delà de la langue maternelle.* »

Présente sur tous les continents à travers la Francophonie, la langue française est perçue comme un trait d'union entre les peuples et les cultures, vecteur de valeurs et de solidarité. C'est cette vision de la langue française qu'exprime Luan Rama : « Toute mon expérience après avoir quitté mon pays, l'Albanie, réside, je crois, dans l'idée qu'écrire en français, avec le temps est devenu un travail de reconstruction, construction de ponts et de liens, non simplement entre moi et mon pays d'origine mais entre mon peuple francophone et les autres peuples qui ont en partage la même langue, le français. »

Si Kim Thúy a appris à aimer en français amoureusement, Nancy Huston fait du français la langue de l'amour entre deux exilés dans *L'empreinte de l'ange*, le juif hongrois András et l'allemande Saffie, incapables d'aimer dans leur langue maternelle. András parle l'allemand, mais ils vont choisir de s'aimer dans une langue étrangère aussi bien pour l'un que pour l'autre :

> Lorsque deux amants ne disposent pour se parler que d'une langue à l'un et à l'autre étrangère, c'est…comment dire, c'est… ah non, si vous ne connaissez pas, je crains de ne pas pouvoir vous l'expliquer[2].

La langue française peut être vue comme un héritage colonial, mais aussi comme un outil puissant pour communiquer avec un public mondial et revendiquer une place dans la littérature universelle. Écrire en français tout en venant d'ailleurs enrichit considérablement la littérature francophone. Ces écrivains apportent des perspectives uniques et diversifiées qui élargissent la compréhension des identités et des expériences humaines. « C'est un combat de tous les jours pour que mon français ne perde pas sa bulgaritude », revendique Elitza Gueorguieva. Le travail de ces écrivains illustre la puissance de la langue française comme un outil d'expression universelle, capable de transcender les frontières géographiques et culturelles.

Ce volume, soutenu par l'Organisation internationale de la Francophonie, illustre l'hospitalité de la langue française déclinée à

2 Nancy Huston, *L'Empreinte de l'ange*, Arles, Actes Sud, 1998, p. 156.

travers des expériences diverses qui nourrissent les imaginaires. Il créé un lieu de rencontre par cette langue qui les unit dans leurs identités multiples, dans leurs quêtes de réconciliation du monde.

Rennie YOTOVA
Sofia University
« St. Kliment Ohridski »
Directrice de l'enseignement
et de l'apprentissage du français
(Organisation Internationale
de la Francophonie)

CONTRIBUTIONS DE CHERCHEURS

LA LITTÉRATURE FRANÇAISE AU CARREFOUR DES LANGUES ET DES CULTURES

« La littérature française au carrefour des langues et des cultures » est l'intitulé d'un cours que j'ai créé à l'Université de Bruxelles dans le cadre d'un master en français langue étrangère qui forme les étudiants à l'enseignement du français pour un public allophone.

Mon cours s'intéresse à des auteurs de langue française et à leurs œuvres, mais la plupart de ces auteurs ne possèdent pas le français comme langue maternelle ou comme langue exclusive d'expression. Ils sont *venus* au français, certains de manière sporadique ou momentanée, en parallèle avec une production littéraire dans une autre langue, d'autres de manière définitive, renonçant à leur langue maternelle.

Pourquoi ai-je eu l'idée d'introduire ce cours dans la formation des futurs professeurs de FLE ? Ces écrivains en situation de contact des langues et des cultures sont une mine d'informations et d'exploitations pour la classe de français tant en amont de leur création qu'en aval. J'y reviendrai dans la dernière partie de la présente contribution.

L'intérêt que j'ai porté à ces auteurs qui ont fait l'objet de ma thèse de doctorat, publiée sous le titre *Les exilés du langage. Un siècle d'écrivains français venus d'ailleurs*[1], n'avait aucune préoccupation de type didactique. Je m'y posais la question de savoir pourquoi, comment un certain nombre d'hommes et de femmes de lettres avaient fait le choix du français pour écrire alors que cette langue n'était pas leur langue maternelle ou pas à tout le moins leur seule langue d'expression.

Très naïvement, je pensais être confrontée à quelques cas, quelques marginaux, audacieux comme souvent les marginaux.

1 Anne-Rosine Delbart, *Les exilés du langage – Un siècle d'écrivains français venus d'ailleurs*, Limoges, PULIM, coll. « Francophonies », 2005.

Premier étonnement, bien entendu : l'étendue du corpus. L'idée alors a été d'organiser cet ensemble composite, avec une première répartition entre ceux que j'ai appelés les sédentaires et les nomades. Faire le choix du français sans quitter son lieu de vie originel ou l'adopter suite à un déplacement, l'adoption se faisant plus ou moins naturellement en fonction du moment du déplacement (durant l'enfance ou bien à l'âge adulte déjà).

Quels peuvent être les atouts objectifs et subjectifs du choix du français pour les écrivains eux-mêmes, mais aussi pour la littérature et la langue françaises ?

ATOUTS POUR LES ÉCRIVAINS

Permettez-moi de piocher un certain nombre d'atouts pour les écrivains parmi l'ensemble des atouts rappelés par ailleurs dans un précédent article[2], en partant des plus immédiats aux plus subtils, sans plus distinguer les sédentaires et les nomades.

Incontestable, il y a l'usage d'une langue écrite maîtrisée depuis l'enfance par l'école. Pour le Burkinabé Jacques Prosper Bazié, la langue française est « la langue qu'[il] maîtrise le plus du point de vue de l'écrit, du parler, même s'[il est] né burkinabé de parents léla ancrés dans les réalités nationales[3]. »

Voyez en quels termes aussi l'écrivain marocain Tahar Ben Jelloun évoque son rapport au français :

> Le Maroc ayant été, comme vous le savez, colonisé de 1912 à 1956, mes premiers pas scolaires ont été bilingues, en français et en arabe, puis, au lycée, l'arabe a été relégué au second plan. J'ai donc eu une formation francophone et j'ai fait toutes mes études supérieures en français. Bien sûr je parle parfaitement l'arabe et je l'écris aussi, mais je suis plus à l'aise quand j'écris en français[4].

2 Anne-Rosine Delbart, « Être bilingue et écrivain français : les motivations du choix d'une langue », *Bulletin Suisse de Linguistique Appliquée*, 76, 2002, p. 101-118.

3 Hyacinthe Sandwidi, « Trois écrivains burkinabé et la langue française », dans Claude Caitucoli (dir.), *Le français au Burkina Faso*, Rouen, C.L.S., 1993, p. 103-116.

4 Tahar Ben Jelloun, dans Lise Bloch-Morange, David Alper, *Artiste et métèque à Paris*, Paris, Buchet-Chastel, 1980, p. 53-54.

On peut rappeler ici aussi les mots de Sartre dans « Orphée noir », sa célèbre préface à l'*Anthologie de la nouvelle poésie nègre et malgache* de Senghor :

> Il n'est pas vrai pourtant que le noir s'exprime dans une langue « étrangère », puisqu'on lui enseigne le français dès son plus jeune âge et puisqu'il y est parfaitement à son aise dès qu'il pense en technicien, en savant ou en politique[5].

C'était le cas autrefois également des écrivains francophones de Flandre, une espèce aujourd'hui en voie de disparition selon l'expression d'un dernier d'entre eux, le poète Jan Baetens[6]. Suzanne Lilar explicite très bien dans *Une enfance gantoise* les rapports entre le français et le flamand :

> On a compris déjà que mes parents parlaient français. Cet usage n'était pas exceptionnel dans la petite bourgeoisie gantoise qui était bilingue mais, pour les convenances, se réglait volontiers sur la grande. Or celle-ci ne se contentait pas de parler français, elle affectait d'ignorer le néerlandais dont elle n'avait retenu que quelques locutions et commandements destinés à ses domestiques. Car la masse n'avait pas cessé de s'exprimer en « flamand ». [...]
>
> Il y avait donc la classe ouvrière et paysanne qui patoisait allègrement, la classe dirigeante qui usait d'un français assez pur – et parfois même admirable. Entre les deux, la petite bourgeoisie qui s'y efforçait mais parlait aussi le néerlandais, mâtinant cette langue de gantois. Car telle était en ce début de siècle l'aberration linguistique que parler le néerlandais correctement exposait aux sarcasmes et à l'accusation de « flamingantisme ».
>
> Ainsi le langage révélait-il le milieu auquel on appartenait, ainsi venait-il renforcer le compartimentage des castes. [...][7]

Et Lilar de poursuivre :

> Bannie des salons, proscrite des universités et des prétoires, si peu tolérée au parlement qu'on faisait le vide autour des députés qui avaient l'inconvenance de s'en servir, cette langue bafouée savait se ménager des revanches. Soit qu'elle fût plus que le français propice à l'effusion, soit que les remous de l'émotion fissent affleurer quelque mémoire ancestrale, on la voyait remonter dans les gros mots de la colère ou les diminutifs de la tendresse et même, plus tragiquement, dans la débâcle de l'agonie. Ainsi arrivait-il qu'ayant vécu en

5 Jean-Paul Sartre, « Orphée noir », dans *Anthologie de la nouvelle poésie nègre et malgache de langue française* par Léopold Sédar Senghor, Paris, PUF, 1969, p. XIX.

6 Jan Baetens, « Pourquoi j'ai choisi d'écrire en français », *Le carnet et les instants*, n° 105, 15 nov. 1998 – 15 janv. 1999, p. 2.

7 Suzanne Lilar, *Une enfance gantoise*, Paris, Grasset, 1976, p. 39-41.

> français, l'on mourût en flamand. Ce fut le cas de ma mère qui, peut-être pour l'avoir renié durant sa vie, se remit à parler flamand sur son lit de mort, avec précipitation et comme pour rattraper le temps perdu[8].

Le français est perçu aussi comme une langue de plus grande diffusion. Le roumain Emil Cioran trouve ainsi vain de continuer à écrire en roumain. Établi en France, la Roumanie est pour lui désormais une terre lointaine, le public roumain, absent, et sa langue natale peu connue en dehors de la Roumanie. C'est alors qu'il travaillait à une traduction roumaine des poésies de Mallarmé que lui est apparue la vanité de sa tâche. Il le déclare franchement à Fernando Savater, en 1977, au cours d'un entretien[9] :

> – Vous n'avez pas seulement abandonné votre patrie, mais encore, et c'est le plus important, votre langue.
>
> – C'est le plus grand accident qui puisse arriver à un écrivain, le plus dramatique. Les catastrophes historiques ne sont rien à côté. J'ai écrit en roumain jusqu'en 1947. Cette année-là, je me trouvais dans une petite maison près de Dieppe, et je traduisais Mallarmé en roumain. Soudain, je me suis dit : « Quelle absurdité ! À quoi bon traduire Mallarmé dans une langue que personne ne connaît ? » Alors j'ai renoncé à ma langue.

La langue française semble encore un outil de communication d'unité nationale, sorte de *lingua franca* quand aucune des langues de la nation ne s'impose. Le Camerounais Gaston-Paul Effa avoue à Bernard Pivot dans l'émission *Double Je*[10] que le français lui apparaît bien comme la langue de l'unification face aux quelque 230 dialectes au Cameroun.

C'est aussi – souvenir de la Déclaration des droits de l'homme et du citoyen qui associe le français à la liberté – la langue par laquelle les écrivains vont dénoncer les abus politiques ou sociaux. J'aime beaucoup cette expression d'Assia Djebar qui fait du français la langue de l'irréductibilité, la langue par laquelle les femmes osent dire non à la soumission séculaire dont elles sont les victimes. Plus étonnant sans doute, le français, politiquement, se fait même l'outil de l'expression de revendications identitaires : négritude, créolité, aspiration à l'indépendance.

---

8 *Ibidem.*

9 Reproduit dans *Entretiens*, Gallimard, coll. « Arcades », Paris, 1995, p. 28.

10 Émission mensuelle diffusée sur France 2 entre janvier 2002 et décembre 2005. L'animateur y interviewe des personnalités qui ont toutes en commun l'amour de la France et de la langue française.

Des libertés politiques et sociales, on glisse aisément à la licence morale et à l'ambiguïté du libertinage. Une savoureuse anecdote de Milan Kundera en fait foi :

> Les Français ne le savent pas, mais dans les pays d'Europe centrale, la France est un mythe. Une fois, à Prague, une femme française m'a prêté son appartement, puis elle est repartie pour quelques mois dans son pays. [...] Bien que je parlais alors le français d'une façon absolument horrible je me suis fait passer pour un peintre français dont la femme divorcée était tchèque. Comme en plus l'appartement était meublé d'une façon légèrement exotique, c'était très plausible. Beaucoup de femmes tchèques m'ont donc pris pour un Français qui, grâce à son mariage avec une Tchèque, parlait tchèque avec un accent incroyable. [...] Alors j'ai compris par expérience le respect devant ce mythe absolument incroyable de la France, le mythe de son érotisme, de sa liberté[11].

Le français renverse « les tabous de religion, de sexe, d'opinion sur le pouvoir », selon les termes du Marocain Abdellatif Laâbi, des interdits particulièrement stérilisants pour les auteurs maghrébins s'ils n'avaient la possibilité de recourir à la très laïque langue française. Un extrait puisé dans *Le marteau pique-cœur*, roman d'Azouz Begag est on ne peut plus explicite :

> En écoutant l'éminent orateur, une étincelle éclaira magiquement mon cerveau : je venais de trouver le sujet de mon intervention à la table ronde de l'après-midi avec les soi-disant écrivains. Je parlerai de sexe. En voilà un thème tabou chez nous ! On ne pouvait trouver mieux. C'était gagné d'avance, j'allais parler de l'éducation ultra-puritaine que j'avais reçue dans une famille de paysans immigrés d'Algérie, qui prohibait toute allusion aux affaires sexuelles dans l'espace public et privé. J'allais raconter comment, dans mes romans, j'étais parvenu à évoquer ce sujet uniquement parce que mes parents étaient analphabètes. Comme ils ne pouvaient pas me lire, j'étais libre de m'en donner à cœur joie, de délirer sans retenue sur les verges et les vagins, les érections, les clitoris, le mouillage, l'ancrage et tutti quanti[12].

La liberté est celle également d'user d'un langage neuf, d'un outil vraiment artistique déconnecté de l'usage courant. C'est le projet littéraire de Beckett : « Je le leur arrangerai, leur sabir », assène le narrateur de *L'innommable*. Beckett triture, malaxe et redécoupe la syntaxe

---

11 Milan Kundera, dans Lise Bloch-Morange, David Alper, *Artiste et métèque à Paris*, *op. cit.*, p. 182.

12 Azouz Begag, *Le marteau pique-cœur*, Paris, Le Seuil, 2004, p. 46.

française, enfilant des bribes de phrases sans queue ni tête en périodes qui s'engendrent et trébuchent sur elles-mêmes. Édouard Maunick conçoit le projet de faire s'évader la langue des chemins reconnus, selon un principe de « marronnage » linguistique en quelque sorte. Le poète mauricien se défie toutefois des créolismes affichés. C'est dans une syntaxe hachée, pauvre en liens logiques, plus que dans un lexique exotique que s'exprimeront les accents de son créole natal. L'option littéraire aboutit en définitive à l'affirmation identitaire, comme en témoigne ce poème du recueil *Ensoleillé vif* (1976) :

> ...J'ai autant de poèmes dans la tête
> que j'ai de cheveux sur la tête
> ma tête toute tignasse drue
> ma tête toute métisse folle
> comme folie de pluie et de vent
> tramant cyclone qui lavera la terre
> de tous les apartheids[13]...

L'adoption de la langue française peut exprimer à rebours un refus identitaire avec le cas assurément particulier de Louis Wolfson venu au français par détestation de sa langue maternelle :

> Étant rétabli chez sa mère pendant du moins un semestre après s'être de nouveau évadé de l'hôpital psychiatrique où, bien entendu, sa mère l'avait fait placer, le schizophrène se passionna pour l'étude des langues. [...]
>
> Poursuivant avec une vraie manie ces études, il tâchait systématiquement de ne pas écouter sa langue maternelle, qu'employait exclusivement son entourage et qui est parlée par plus de gens que n'importe quelle autre [...]. Pourtant, comme ce n'était guère possible que de ne point écouter sa langue natale, il essayait de développer des moyens d'en convertir les mots presque instantanément (spécialement certains qu'il trouvait très ennuyants) en des mots étrangers chaque fois après que ceux-là pénétreraient à sa conscience en dépit de ses efforts de ne pas les percevoir. Cela pour qu'il pût s'imaginer en quelque sorte qu'on ne lui parlât pas cette maudite langue, sa langue maternelle, l'anglais[14].

Mais le choix du français à l'âge adulte vient aussi de la fascination pour la littérature française et l'attrait pour « une langue belle avec des

13 Édouard Maunick, « Parole 47 », dans *Ensoleillé vif*, Paris, Éd. Saint-Germain-des-Prés, 1976 ; cité dans Jean-Louis Joubert (dir.), *Littérature francophone, anthologie*, Paris, Nathan, 1992, p. 212.

14 Louis Wolfson, *Le schizo et les langues*, Paris, Gallimard, 1970, p. 32-33.

mots superbes », comme le dit la chanson d'Yves Duteil, « La langue de chez nous », un bel hommage à la francophonie dans tous ses états. Julia Kristeva est sans ambiguïté :

> La clarté logique du français, l'impeccable précision du vocabulaire, la netteté de la grammaire séduisent mon esprit de rigueur et impriment – non sans mal – une droiture à ma complicité avec la mer noire des passions. Je regrette d'abandonner les ambiguïtés lexicales et les sens pluriels, souvent indécidables de l'idiome bulgare, insuffisamment rompu au cartésianisme, en résonance avec la prière du cœur et la nuit du sensible. Mais j'aime la frappe latine du concept, l'obligation de choisir pour tracer la chute classique de l'argument, et cette impossibilité de tergiverser dans le jugement qui se révèle, en français, plus politique en définitive que moral. Les ellipses de Mallarmé me séduisent : tant de contractions dans l'apparente blancheur d'un contenu insignifiant confèrent à chaque mot la densité d'un diamant, les surprises d'un coup de dés. Mais à cette musique surveillée du sens, je préfère l'abondance métaphorique et l'hyperbole syntaxique de Proust, les saveurs païennes de la prolixe Colette[15].

L'attrait pour la littérature française et l'espoir d'intégrer son panthéon sont de puissants moteurs. Quel rôle justement auraient ces écrivains dans le champ de la littérature française ?

ATOUTS POUR LA LITTÉRATURE

Si l'on dépasse les bénéfices personnels du choix du français pour les hommes et les femmes de lettres, on peut se poser la question de savoir ce que ce choix apporte à la littérature. Je ne retiendrai ici qu'un seul point : celui de la délimitation du champ de la littérature française. Qu'est-ce que la littérature française ? Tous ces auteurs permettent en fait d'élargir le spectre de la littérature française et de la montrer telle qu'elle est, plurielle et nourrie de différents espaces, de différentes cultures qui s'expriment dans une langue commune. Ils sont les porte-paroles de la francité, terme dont l'intérêt épistémologique me parait de plus

15 Julia Kristeva, « E comme écrire en français », dans Bernard Cerquiglini, Jean-Claude Corbeil, Jean-Marie Klinkenberg, Benoît Peeters (dir.), *Le français dans tous ses états*, Paris, Flammarion, 2000, p. 70.

en plus important, terme qui renvoie à une noosphère qui ne se limite pas aux frontières de la francophonie géographique ou politique, mais à tous les lieux où le français fait entendre sa voix.

Et ce sont peut-être bien les auteurs venus d'ailleurs qui permettent à tous les auteurs des espaces francophones de sortir du carcan marginalisant de la « littérature francophone », affublée désormais même du pluriel « les littératures francophones ».

Apollinaire, Tzara, Beckett, Ionesco, Green figuraient et figurent toujours d'ailleurs dans les anthologies de littérature française. Mais la recherche en francophonie littéraire viserait à les rattacher désormais aux littératures francophones (comprenez les littératures écrites en français hors de l'Hexagone), eux qui répondent au moins à l'acception courante de francophone : « qui parle français sans être de nationalité française ». Dominique Combe (1995) franchit le pas, en refusant le postulat selon lequel il ne serait de francophonie que collective[16].

Véronique Porra souligne que si leur respect de la langue, leur allégeance à la culture française, leurs formes d'écriture « centripètes » (par rapport au centre de référence par excellence qui est Paris) les distinguent des auteurs d'Afrique noire ou des productions antillaises fondamentalement « centrifuges », les auteurs venus d'espaces non francophones partageraient avec les auteurs francophones une commune vassalité qui leur imposerait de faire allégeance à la langue française et à la patrie d'accueil[17]. La francité se cabre, comme le rappelait Julia Kristeva, et ne tolère pour l'étranger-traducteur que le discours de « suppliants[18] ».

Je ne partage pas cette conviction de Véronique Porra concernant l'écriture « centripète », une écriture qui serait formatée aux usages classiques attendus : j'y reviendrai dans mon dernier point sur la langue.

Mais si on renversait la donne, si ces auteurs venus d'ailleurs n'étaient justement pas ceux grâce à qui la littérature française pourrait élargir ses horizons, au-delà des frontières de l'Hexagone ? Parce que les tentatives

---

16 Dominique Combe, *Poétiques francophones*, Paris, Hachette, 1995, p. 107.

17 Véronique Porra, « Les convertis de la francophonie : entre création artistique, stratégies et contraintes », dans Jean-Pierre Castellani, Maria-Rosa Chiapparo, Daniel Leuwers (dir.), *La langue de l'autre ou la double identité de l'écriture*, Tours : Publications de l'Université François Rabelais, 2001, p. 310-311 et p. 308-309.

18 Julia Kristeva, « E comme écrire en français », *op. cit.*, p. 71.

de « littérature francophone » pour tous ou de « littérature monde » ont échoué à ce dépassement du carcan.

Adopter « littérature française » pour tous, c'est en tout cas que le parti et le pari terminologique que je prendrais[19] et que mon dernier atout viendrait justifier. Celui de la langue.

ATOUTS POUR LA LANGUE

L'ensemble des écrivains venus à la langue française est partagé entre des auteurs classiques assurément, que Porra désigne comme « centripètes », qui trouvent dans le français une exigence susceptible d'emprisonner les exubérances de la langue maternelle, une contrainte dont leur écriture se nourrit et d'autres, plus iconoclastes qui n'ont pas hésité à briser le ronron de la langue.

Du côté des classiques, Hector Bianciotti confesse ainsi sa crainte d'écrire en français, à cause, justement, de la fascination qu'il exerce « par cet amour du style, du bien écrire », quoique l'épreuve se dénoue sur la sérénité apaisante d'un jardin à la française :

> Le français aime les règles. Moi aussi, même si mon imaginaire est très éloigné d'un certain classicisme que je révère. Je suis d'accord avec Cioran, qui disait que, pour lui, Roumain, adopter l'écriture française, c'était se passer une camisole de force. Seulement, il y a pour moi dans cette rigueur stylistique quelque chose qui me rassure, tout comme me rassure la symétrie d'un beau paysage[20].

Les nouveaux convertis se révèlent parfois très puristes. Julien Green se morfond et se désole, à l'instar de Cioran, des maltraitances infligées à la langue par ses enfants les plus légitimes, les Français de souche :

19 Anne-Rosine Delbart, « Littérature en français : je dis ton nom. Une *littérature-monde* face au dilemme irrésolu entre la *littérature française* et la ou les *littérature(s) francophone(s) ?* », dans Yamilé Haraoui-Ghebalou (dir.), *Littérature-monde : enjeux et perspectives*, Alger, AUF-Université d'Alger, 2011, p. 100-110.

20 Cité dans Michèle Gazier, Martine Laval, Emmanuelle Bouchez, « Français dans le texte », *Télérama*, 2454, janvier 1997, p. 41.

> 31 octobre 1990 : J'entends à Paris des hommes et des femmes parler une langue qui, pour moi, n'est plus tout à fait intelligible. C'est parfois une langue très dépouillée, en tout cas dépouillée de toute grammaire[21].

Pas facile de renverser l'idole du *style*, s'il faut en croire Nancy Huston, la langue française ne se laisse pas dépouiller aisément de ses parures de reine :

> C'est une très grande dame, la langue française. Une reine, belle et puissante. Beaucoup d'individus qui se croient écrivains ne sont que des valets à son service : ils s'affairent autour d'elle, lissent ses cheveux, ajustent ses parures, louent ses bijoux et ses atours, la flattent, et la laissent parler toute seule. Elle est intarissable, la langue française, une fois qu'elle se lance. Pas moyen d'en placer une[22].

En contrepartie, beaucoup d'auteurs en situation de contact des langues et des cultures n'ont pas hésité à insuffler un sang neuf et rouge à la langue. C'est même une des motivations premières à leur adoption d'une langue autre que leur langue natale pour écrire, une langue autre que celle du quotidien. L'enrichissement de la langue est l'intime conviction d'une autre Argentine, Silvia Baron Supervielle :

> Si l'écrivain qui tient d'une langue sa culture en étudie une autre et la fait sienne, il lui confère un esprit et une beauté distincts. Non seulement, alors, la langue échappe aux courants, où l'enferment les traditions, mais encore elle adopte le rythme de la main étrangère qui la façonne. De ces deux désaccords confondus prend naissance l'écriture. En un mot, une main étrangère ne peut qu'enrichir une langue, la purifier et lui insuffler un sang nouveau[23].

À ce titre, ces auteurs ont un rôle fondamental à jouer dans l'enseignement-apprentissage du français.

L'explicitation des rapports qu'ils entretiennent avec leurs langues favorise, d'une part, la définition de la propre identité linguistique des apprenants, en même temps qu'elle éclaire les motivations qui conduisent à l'étude et à la pratique du français.

---

21 Julien Green, *Journal*, tome XV, *L'avenir n'est à personne (1990-1992)*, Paris, Fayard, 1993, p 167. Nous sommes loin des "crocheteurs du Quai-au-Foin" dont Malherbe prétendait recevoir des leçons, ou de la Françoise de Marcel Proust manifestant une vigueur terrienne égale à celle de la Duchesse de Guermantes…, mais ceci est une autre histoire.

22 Nancy Huston, *Nord perdu*, Arles, Actes Sud, 1999, p. 47-49.

23 Silvia Baron Supervielle, « Changer de langue : une arme de création », dans Marianne Alphant, Olivier Corpet (dir.), *L'espace de la langue : Beyrouth-Paris*, Paris, Éditions du Centre Georges Pompidou – Éditions de l'IMEC, 2000, p. 19-20.

Grands prédécesseurs sur le chemin de la maîtrise d'une langue étrangère, ils révèlent, par leur variété même, la diversité des situations et des conditions d'apprentissage du français, ils ne cachent rien des inconvénients mais aussi des avantages du regard extérieur qu'ils portent sur la langue cible.

Ils montrent aussi combien la force de la motivation permet de combattre les difficultés d'une initiation même tardive à une langue autre et les obstacles idéologiques de l'imposition précoce d'un idiome ressenti comme une négation de l'identité première.

Par ailleurs, l'observation des conséquences que le choix du français a eues sur l'écriture de ces auteurs affine l'élaboration de la propre conscience linguistique des apprenants en leur fournissant des modèles d'usage de la langue cible des plus classiques et normatifs aux plus audacieux et iconoclastes.

Ces écrivains fournissent la preuve qu'une langue apprise peut être vivante, attractive, ludique, libre de s'épanouir dans le carcan de la norme vécue comme une protection et capable de briser le moule rigide des idées reçues. En retour, ils offrent à la littérature française et à langue française la reconnaissance de la variation dont elle a besoin pour vivre et attirer à elle de nouveaux lecteurs et de nouveaux locuteurs.

Anne-Rosine DELBART
Université Libre de Bruxelles

L'IMMIGRÉ TZVETAN TODOROV

La figure de l'immigré révèle des traits essentiels de l'identité humaine. Les sciences humaines et l'anthropologie d'aujourd'hui s'accordent sans hésiter pour dire qu'aucune culture n'est ni pure ni homogène. Au contraire, toute culture est le produit de croisements et de mélanges qui ont eu lieu à plusieurs reprises au cours de l'histoire d'une société donnée. Les phénomènes de ce croisement culturel ont un impact direct sur les êtres humains sans pour autant coïncider avec les évènements qui déterminent les destins individuels. Étant supra-individuels, ces phénomènes n'ont pas le caractère dramatique que l'on observe dans la vie de tout homme, et à plus forte raison dans celle de l'immigré.

D'un point de vue objectif, la migration culturelle fait penser à un processus chimique. Appréhendée subjectivement comme un vécu, l'immigration implique des souffrances, des difficultés, mais aussi des joies dues à l'intégration réussie dans le nouveau milieu. Le départ du pays d'origine ne va pas non plus sans émotions. C'est pourquoi suivre l'itinéraire d'un immigré uniquement à travers les faits serait aussi impropre qu'approcher pathétiquement les processus objectifs de croisement culturel. Bref, une biographie d'immigré exempte de toute émotion serait aussi inconvenante qu'une analyse passionnelle de la culture faite par un historien.

À cet égard, Tzvetan Todorov est un cas limite : dans les récits personnels de ses propres épreuves, le pathos de l'immigré est tempéré par l'esprit analytique de l'historien de la culture dans la mesure où il a tendance à intégrer l'expérience individuelle dans une construction typologique. D'autre part, la réflexion de Todorov sur l'identité de l'immigré est nourrie par sa propre expérience. À ce titre elle porte plusieurs marques de subjectivité, autrement dit elle se présente plutôt comme une histoire vécue que comme une construction abstraite.

Pour prendre la mesure de la subjectivité de Todorov il serait bon de la comparer à d'autres expériences similaires. Je me réfère à quelques-unes que je connais : celle de deux écrivains bulgares, Stéphane Gruev et Stéphane Popov, et de deux grands noms de la littérature de langue allemande, Thomas Mann et Stefan Zweig. J'espère pouvoir tracer ainsi une cartographie où les cultures migrantes constituent l'arrière-fond de destins concrets d'immigrés. Ce faisant je voudrais mieux comprendre comment la conscience de l'immigré devient une forme privilégiée de la connaissance de soi.

La conscience de l'immigré, pareille à tout autre état de conscience, n'est pas fixée une fois pour toutes. Elle évolue suivant la courbe dessinée par les aléas de l'existence de l'immigré. Ce sont ces aléas précisément qui tissent le fil du destin unique de l'immigré. Dans ce destin strictement individuel ou peut cependant reconnaître trois tournants qui apparaissent presque toujours : le départ du pays d'origine, l'intégration dans le pays d'accueil, le retour dans le pays d'origine (provisoire, dans la plupart des cas). Ces trois moments de l'existence de l'immigré constitueront les trois grandes parties de la présente étude.

LE DÉPART DU PAYS D'ORIGINE

Todorov n'avait pas prévu de quitter la Bulgarie, même si l'idée ne lui semblait pas impossible. La séparation avec la Bulgarie se fait progressivement, sans heurts et sans ruptures brutales. Todorov part pour Paris avec un visa de 12 mois pour poursuivre sa formation post-universitaire. Un an plus tard, son père lui écrit de ne plus retourner en Bulgarie. Ce conseil, dit Todorov, « me transformait de visiteur en immigré[1] ». Il importe de savoir aussi que le changement du statut national de Todorov se fait grâce à quelques circonstances favorables. Partir n'est pas pour lui un geste de séparation avec ses parents. C'est le père de Todorov qui, avec l'accord de son épouse, a eu la force de faire ce geste d'avance. Autre circonstance favorable : une tante, qui vivait au Canada, s'engage à aider financièrement son neveu. La bénédiction du père et la bienfaisance de la tante assurent la protection matérielle et

1 Tzvetan Todorov, *Devoirs et délices, une vie de passeur*, entretiens avec Catherine Portevin, Paris, Le Seuil, 2002, p. 159.

symbolique du fils « prodigue ». Un autre fait symbolique compte aussi : Todorov souhaite garder, dans un premier temps, sa citoyenneté bulgare. Le projet d'émigrer ne coupe donc pas le lien avec la patrie même si désormais ce lien ne sera qu'officiel. Une fois installé en France, Todorov n'entend pas « faire des sauts » en Bulgarie. Du côté des institutions bulgares officielles l'attitude n'est pas moins ambiguë. Les employés de l'ambassade bulgare à Paris se doutent des intentions de Todorov, et ils essaient de le convaincre de retourner en Bulgarie. Cependant, à la fin ils acceptent de prolonger son passeport : « Ils ont tergiversé longtemps mais sans m'opposer de refus : s'ils l'avaient fait, j'aurais pu me déclarer réfugié. Or, un Bulgare tiède valait mieux qu'un réfugié vociférant[2] ! », commente Todorov avec ironie.

Dans le même temps, le Bulgare « tiède » empruntera les voies administratives des services français d'immigration. Il sera ainsi le témoin des humiliations dont font l'objet les candidats à l'immigration. Les scènes qu'il avait vues le familiarisent avec ce sentiment d'insécurité qu'il n'a pas connu personnellement mais qui habite l'étranger en permanence.

La raison principale de quitter la Bulgarie totalitaire est le refus de Todorov de vivre non-libre dans une société où le discours officiel et la vie publique contrastent avec la vie privée et les valeurs qui vont avec. Todorov a plusieurs fois souligné que son hétérodoxie quant au régime en Bulgarie ne l'avait nullement conduit à agir contre le pouvoir. Rien de dissident chez le jeune Todorov. Du reste, le régime communiste en Bulgarie ne le persécutant pas, celui-ci ne se voyait pas obligé de fuir le pays. Il se trouve tout simplement que le développement intellectuel de Todorov et quelques circonstances concrètes l'éloignent de la Bulgarie au profit de la France, un pays que le jeune intellectuel voit comme la Terre promise de la civilisation et des arts. Autrement dit, les motifs de Todorov de partir sont non pas économiques, politiques ou sentimentaux, mais intellectuels. L'exil de Todorov n'est pas la seule issue possible. Il n'est pas non plus le geste d'un prisonnier politique ou d'un dissident. Il s'agit tout simplement d'une nouvelle phase de son projet de vie. Il conçoit ce projet de manière évolutive, sans déchirements intérieurs.

Je voudrais comparer ici les conditions dans lesquelles Todorov décide de s'exiler avec les contraintes qui ont poussé quelques intellectuels bulgares ou mondiaux à emprunter la voie difficile de l'émigration : les

2 *Ibidem.*

Bulgares Stéphane Gruev et Stéphane Popov, l'Autrichien Stefan Zweig, l'Allemand Thomas Mann. Je dois reconnaître que ce choix est fortuit. J'aurais pu prendre d'autres cas. Or les récits de ces écrivains devenus des immigrés m'ont impressionné à tel point qu'ils ont pris dans mon esprit une dimension typologique. Gruev et Popov s'exilent à l'étranger après l'établissement de la dictature communiste en Bulgarie en 1944. Mann et Zweig sont obligés de s'expatrier après l'arrivée au pouvoir de Hitler en Allemagne et après l'occupation de l'Autriche par l'Allemagne.

Stéphane Gruev qui, au moment du putsch communiste du 9 septembre 1944, est étudiant à Genève, apprend que son père avait été exécuté par le soi-disant « Tribunal populaire » et que sa famille avait été déportée de Sofia. Cette tragédie nationale et familiale le voue à l'émigration. Dans un premier temps Gruev vit son statut d'émigré entre deux extrêmes : celui de la *liberté absolue* (« J'étais libre maintenant de faire ce que je voulais, sans que personne m'observe, me juge, me surveille. [...] Il n'y avait plus personne à qui je devais rendre compte, m'expliquer, m'excuser si je décidais de devenir saint ou bandit, un citoyen digne ou un vaurien. Ce fut la liberté totale[3] ! ») et d'une *angoissante apesanteur* :

> J'ai compris tout à coup que je n'étais personne maintenant, tout seul au monde, un exilé qui n'était de nulle part [...]. La vérité de ma situation m'est apparue pour la première fois en plein jour et en toute brutalité. Je n'avais plus famille, ni maison, ni nationalité, ni patrie et, bien sûr, je n'avais plus le sou[4].

Le vide existentiel dans lequel Gruev se retrouve si brusquement fait naître un sentiment à la fois oppressant et enivrant. Ce « saut en parachute » qui pourrait aussi ne pas s'ouvrir est à l'opposé du plan bien conçu des Todorov concernant la future émigration du jeune Tzvetan. Gruev commence sa vie d'émigré avec le sentiment douloureux d'être amputé du corps vivant de sa famille, tandis que Todorov se décide à partir à la suite de la décision mûre du « conseil de famille ».

L'exil de Stéphane Gruev ressemble à celui de Stéphane Popov qui occupe un poste de diplomate à l'étranger au moment de la prise du pouvoir par le régime communiste en Bulgarie. À la très probable et arbitraire sanction dans la patrie, Popov préfère l'exil. Exilé malgré lui,

---

3 Stéphane Gruev, *Mon Odyssée* (en bulgare), « Obsidienne », Sofia, 2002, p. 13. Ici et par la suite, toutes les traductions des textes bulgares sont de moi – S.A.

4 *Ibid.*, p. 12.

Stéphane Popov vivra désormais avec le sentiment d'être privé de *sa* vie. Il lui faudra dorénavant assumer une identité mutilée, une identité qui lui est presque étrangère : « Vivre en émigré signifiait la perte de la maison et des proches à Sofia, la perte de la carrière et du milieu, des amis et de la société, des biens et de l'attachement spirituel à mon peuple[5] ». Je note au passage qu'il est difficile d'imaginer le jeune Todorov éprouver de la nostalgie pour « son peuple ». Il s'est gardé, par la suite aussi, d'embrasser ce genre d'abstractions quelque peu démonétisées. Mais la véritable différence entre Todorov et Popov est ailleurs : si pour Todorov l'exil le conduit au bon port, à une vie nouvelle pleine de promesses, Popov vit son début de l'émigration comme un naufrage : « Nous autres, les naufragés de l'histoire, nous nous desséchions sur le sable des rivages étrangers[6] ».

Si l'émigré considère son sort comme une anomalie, il veut croire que son émigration est provisoire. Pensant à son propre cas, Stéphane Popov généralise : « En principe l'émigré considère que son nouvel état présent est une anomalie qui sera surmontée avec le temps pour qu'il rétablisse la continuité avec le passé[7] ». En revanche le projet de Todorov d'émigrer ne prévoit pas de retour au pays (la lettre de son père est sans équivoque : « Ta vie est là-bas, tu ne dois pas revenir[8] »). Popov, quant à lui, est à tel point attaché au passé et à la patrie qu'il ne se voit pas vivre ailleurs : « Notre seul réconfort était le fait de vivre tout court, même si, aux prises de notre nostalgie, nous devenions prisonniers du passé bien connu que nos conversations et notre silence reproduisaient cent fois[9] ».

Pour un immigré pareil la nostalgie du pays natal est le sentiment le plus naturel. Stéphane Gruev en parle avec émotion et lucidité :

> Peu de gens savent ce qu'est le mal du pays interdit ! Au commencement ce mal est déchirant comme celui d'un enfant éloigné de sa famille qui, le premier jour, n'arrête pas de pleurer : 'Je veux à la maison'. [...] Avec le temps, cette douleur cuisante devient chronique. On doit composer avec. Mais quarante-six ans, c'est bien long ! Je n'ai jamais pu guérir. Il ne se passait pas une semaine sans que je rêve de la Bulgarie. Les souvenirs surgissent de la façon la plus inattendue. Un bruit, un mot, une odeur, et voilà que la douleur reprend

5 Stéphane Popov, *Insomnies* (Bezsanitzi), « Letopissi », Sofia, 1992, p. 176.
6 *Ibid.*, p. 177.
7 *Ibid.*, p. 173.
8 Tzvetan Todorov, *Devoirs et délices*, *op. cit.*, p. 144.
9 *Insomnies*, *op. cit.*, p. 177.

> comme si on avait touché par inadvertance une plaie encore ouverte. Un léger coup de vent et voilà que, quelques secondes durant, on se retrouve presque physiquement dans le passé et on redevient le jeune homme de jadis. C'est un sentiment douloureux en même temps que très beau[10].

La nostalgie est caractéristique de la nature humaine. Elle ne dépend pas du degré de bien-être de l'immigré. Stéphane Gruev en est d'ailleurs la preuve incontestable. Sa carrière brillante de journaliste et d'écrivain en France et aux États-Unis, son intégration réussie dans ces deux pays n'ont manifestement pas été un remède contre la nostalgie. Sans doute, Todorov aussi a dû ressentir douloureusement l'absence du pays. Or, il n'en a jamais parlé publiquement. Dans ses rares récits autobiographiques, on voit sa volonté de vivre dans le présent et de ne pas se laisser envahir par les souvenirs du pays natal. Du reste, le « pays natal » signifie pour lui au moins deux choses différentes. D'une part, la patrie lui apparaît comme un espace extérieur qui lui est presque étranger. S'éloigner de cet espace n'a rien de dramatique : « Je n'éprouvais pas une nostalgie particulière pour la Bulgarie, même si je n'en avais pas une image négative[11] ». D'autre part, le milieu d'origine (la famille, les amis) est toujours présent dans le for intérieur de Todorov. Cette présence intérieure et la vie en Bulgarie détermine largement son attitude en France, ainsi que le sens de sa recherche, notamment à partir des années 1980.

Dans son livre de mémoires *Le Monde d'hier*, Stefan Zweig décrit avec l'émotion et l'esprit analytique qui le caractérisent le changement de son statut public après l'émigration forcée de son Autriche natale. Lorsque l'étranger séjournant dans un autre pays (l'Angleterre) se voit privé de sa nationalité autrichienne, il se retrouve dans la catégorie inférieure d'« émigré » :

> Hier encore hôte étranger et en quelque sorte *gentlemen* qui dépensait ses revenus internationaux en payant ses impôts ici, j'étais devenu un émigrant, un *refugee.* J'étais tombé dans une catégorie inférieure, même si elle n'était pas déshonorante[12].

L'émigré Zweig est rabaissé à un niveau plus bas de l'échelle sociale sans pour autant perdre sa dignité morale. Mais cette dégradation le

10 Stéphane Gruev, *Mon Odyssée*, *op. cit.*, p. 646-647.
11 Tzvetan Todorov, *Devoirs et délices*, *op. cit.*, p. 162.
12 Stefan Zweig, *Le monde d'hier*, Le Livre de Poche, Paris, 2015, p. 476.

coupe de son milieu social habituel. Elle conduit à un repliement sur soi que Zweig vit comme une privation douloureuse. Le bilan que Zweig dresse de sa période d'exilé à Londres (1934-1940) est peu réjouissant :

> Je vécus, durant toutes ces années de demi-exil et d'exil véritable, privé de toute franche sociabilité par la folle pensée qu'il ne m'était pas permis de me mêler à la conversation, en pays étranger, quand on discutait de notre époque[13].

L'émigré Zweig est plutôt un exilé, un homme qui se retrouve par contrainte dans un pays étranger sans chercher à s'y intégrer. Malgré sa renommée mondiale, sa fortune et sa maîtrise de langues étrangères (y compris celle de l'anglais) Zweig est un exilé malheureux pour qui le retour dans le pays natal est impossible et l'assimilation dans le pays d'accueil de trop.

Le Monde d'hier évoque aussi d'autres exilés, notamment Maxime Gorki et Benedetto Croce. Tout oppose celui-ci à celui-là. Gorki séjourne à Sorrento pour des raisons de santé. Il fait part à Zweig de son « mal d'exilé ». « Dans l'éloignement, on oublie ce qu'il y a de meilleur, personne d'entre nous n'a encore rien fait de bon en exil[14]. » La posture d'exilé qu'adopte Gorki s'inscrit jusqu'à un certain point dans la description de l'exilé que propose Todorov dans son livre *Nous et les autres*. Le chapitre « Voyageurs modernes » propose une typologie de 10 voyageurs dont l'exilé qui « ressemble par certains côtés à l'immigrant, par d'autres à l'exote. Comme le premier, il s'installe dans un pays qui n'est pas le sien ; mais, comme le second, il évite l'assimilation[15] ». L'exilé, poursuit Todorov,

> interprète sa vie à l'étranger comme une expérience de non-appartenance à son milieu et qui la chérit pour cette raison même. L'exilé s'intéresse à sa propre vie, voire à son propre peuple ; mais il s'est aperçu que, pour favoriser cet intérêt, il valait mieux habiter à l'étranger, là où on n'« appartient pas » ; il est étranger de façon non plus provisoire mais définitive[16].

Pour cette catégorie d'exilés le pays étranger est une sorte d'observatoire à partir duquel le regard, plus concentré et plus limpide, se porte sur la patrie ou bien sur le for intérieur de l'écrivain. Là-dessus, le cas de

---

13 *Ibid.*, p. 456.
14 *Ibid.*, p. 399.
15 Tzvetan Todorov, *Nous et les autres*, Paris, Le Seuil, 1989, p. 382.
16 *Ibidem.*

Maxime Gorki à Sorrento reste en dehors de la typologie todorovienne de l'exilé. D'ailleurs, quel exilé pourrait bien être Maxime Gorki dans la célèbre villégiature ? Zweig, qui a goûté le fruit amer de la vie en exil, a toutes les raisons de douter que Gorki soit un véritable exilé : « Mais Gorki se trompait en appelant Sorrente un exil, car il pouvait retourner chez lui d'un jour à l'autre, et en effet il y retourna. Il n'était pas proscrit dans ses livres, dans sa personne[17]. »

En la personne de Benedetto Croce Zweig voit un autre cas d'exilé. Après avoir rompu avec Mussolini, le philosophe vit en exilé dans son propre pays :

> Il ne quitta pas le pays, il resta dans sa maison, retranché derrière le rempart de ses livres [...]. Il vivait ainsi en quelque sorte dans un espace hermétiquement clos, dans une sorte de bouteille de verre au milieu de ses quarante millions de concitoyens. Cet isolement hermétique d'un seul homme dans une ville, dans un pays comptant des millions d'habitants avait pour moi quelque chose de spectral et de grandiose tout à la fois. Je ne savais pas encore que c'était pourtant là une forme d'étouffement spirituel singulièrement plus douce que celle qui devait être plus tard notre lot[18].

L'« étouffement spirituel » de l'exilé intérieur et de l'exilé extérieur dont parle Zweig n'est pas vécu comme tel par Thomas Mann. Au contraire même, cet « étouffement » marque le commencement d'une renaissance spirituelle du créateur et d'une nouvelle vie loin de la patrie. Thomas Mann aussi a été contraint d'émigrer. En février 1933, il fait un cycle de conférences à l'étranger, lorsqu'il apprend qu'il a été dépossédé de sa citoyenneté allemande. Il s'établit finalement aux USA, sans demander la nationalité américaine. Celle-ci lui sera pourtant accordée dans quelque temps. Mann se sent quand même un Allemand à cent pour cent dans la mesure où il continue d'écrire en allemand. La langue natale devient le territoire symbolique de la patrie. L'écrivain ne quittera pas ce territoire. Mann évoque « sa fidélité active à la langue allemande, cette véritable patrie qu'on ne saurait perdre et que j'emportais avec moi dans l'exil[19] ».

Dans son livre de mémoires *Insomnies*, Popov dessine quelques images de l'Allemagne, chacune étant liée à une personnalité de l'esprit. Parmi

---

17 Stefan Zweig, *Le Monde d'hier*, *op. cit.*, p. 399-400.

18 *Ibid.*, p. 400-401.

19 Thomas Mann, « Allocution de l'année de Goethe », in *Sur soi et sur les autres* (recueil d'articles en bulgare), Éditions « Zakharii Stoyanov »", Sofia, 2007, p. 444.

ces images il évoque celle de « l'émigré Thomas Mann qui avait déclaré avec le quant à soi de l'intellectuel : 'L'Allemagne est là où je suis'[20] ». Si Thomas Mann avait réellement déclaré cela, je ne pense pas qu'il faille l'interpréter comme une prétention de la part de l'écrivain voulant personnifier sa patrie. J'y verrai plutôt un témoignage de la forte présence de la patrie dans l'esprit de l'immigré dont l'œuvre insuffle une nouvelle vie à l'idée de la patrie :

> En pays étranger [...] pendant ces années-là précisément, mon œuvre devenait de plus en plus un travail conscient sur la langue, un plaisir exquis tirant du merveilleux organe de la langue allemande les tons de tous les registres, un désir de récapitulation en même temps qu'une volonté de faire avancer la langue allemande et ses possibilités expressives[21].

Par cette attitude positive envers la patrie lointaine et la langue allemande Thomas Mann s'oppose à Zweig qui vit sa condition d'émigré comme « un étouffement spirituel ». Ce n'est pas un hasard si plus tard Mann interprètera le suicide de l'immigré Zweig comme une sorte de reconnaissance de la force de l'ennemi – le national-socialisme hitlérien, autrement dit, comme l'incapacité de remplacer la patrie par le pays d'accueil (le Brésil).

L'émigration contraignante de Zweig est non seulement une blessure symbolique. Elle porte atteinte au sentiment d'identité. Toute forme d'émigration produit déjà par elle-même, inévitablement, une sorte de déséquilibre :

> Quand on n'a pas sa propre terre sous ses pieds – cela aussi, il faut l'avoir éprouvé pour le comprendre – on perd quelque chose de sa verticalité, on perd de sa sûreté, on devient plus méfiant à l'égard de soi-même. Et je n'hésite pas à avouer que depuis le jour où j'ai dû vivre avec des papiers ou des passeports véritablement étrangers, il m'a toujours semblé que je ne m'appartenais plus tout à fait. Quelque chose de l'identité naturelle entre ce que j'étais et mon moi primitif et essentiel demeura à jamais détruit[22].

Tout nous porte à croire en la sincérité de cet aveu, d'autant plus déchirant chez un homme que les effets destructeurs de l'émigration conduisent au suicide.

---

20 Stéphane Popov, *Insomnies*, *op. cit.* p. 111.

21 Thomas Mann, « Allocution de l'année de Goethe », *op. cit.*, p. 444.

22 Stefan Zweig, *Le Monde d'hier*, *op. cit.*, p. 479.

La différence entre l'émigration volontaire et l'émigration forcée de l'intellectuel est donc plus qu'évidente. Gruev, Popov, Zweig et Mann subissent leur exil comme un coup dur du destin. Gruev et Mann sauront faire face aux épreuves et continuent de mener avec succès leur vie professionnelle. En revanche chez Popov et Zweig le traumatisme sera insurmontable. Ces quatre écrivains ont le mal du pays natal.

L'expérience todorovienne de l'émigration est tout autre. La séparation volontaire et « douce » avec la patrie n'aura pas un effet destructeur sur le jeune immigré. Sa vie dans le pays d'accueil ne commence pas par le pansement des blessures. Il s'agit tout simplement d'une nouvelle étape dans l'évolution d'un homme jeune et hautement cultivé. En Bulgarie, Todorov a bénéficié d'une bonne éducation[23], il a maîtrisé quatre langues étrangères (le russe, l'allemand, l'anglais, le français). Néanmoins pour son potentiel intellectuel la Bulgarie totalitaire aurait été, sinon une camisole de force, du moins un cadre rigide.

Quels que soient les possibles parallèles et les oppositions entre les cinq figures emblématiques de mon choix, une chose est certaine : les circonstances dans lesquelles l'intellectuel quitte son pays d'origine déterminent largement son futur rapport à lui.

INTÉGRATION DANS LE PAYS D'ACCUEIL

Les récits autobiographiques de Todorov sur cette nouvelle phase de sa vie sont plus détaillés. À la question de la journaliste Catherine Portevin : « Comment avez-vous été un étranger ? » Todorov répond en soulignant ses avantages d'étranger : « J'étais blanc, polyglotte, diplômé[24] ». Plus encore, ajoute-t-il, « dans le milieu intellectuel, le fait d'être un étranger était un plus. Il me donnait une petite touche d'exotisme, qui devait me rendre plus intéressant[25] ». L'image de l'étranger intellectuel est déjà

---

23 « Je me suis rendu compte rapidement que mon éducation bulgare était correcte : j'étais largement au niveau des étudiants, français ou étrangers, que je pouvais rencontrer chez Barthes ou dans les autres cours. Mon complexe bulgare d'infériorité s'était estompé. » Tzvetan Todorov, *Devoirs et délices*, *op. cit.*, p. 162.

24 *Ibid.*, p. 161.

25 *Ibidem.*

plaisante en elle-même, tandis que l'immigré qui cherche à survivre dans le pays étranger suscite toujours la méfiance des autochtones.

Avant de suivre les principales étapes de l'intégration de Todorov en France, j'aimerais m'arrêter un instant sur deux types de positions initiales qui déterminent l'attitude du nouveau venu dans le pays étranger. La première posture implique une différence sensible par rapport au pays d'accueil où il est considéré comme un intrus au passé « obscur » et à l'avenir incertain, un intrus pour lequel une chose est sûre : il a voulu quitter sa patrie et vivre à l'étranger. Cette étape de l'intégration est décrite dans l'essai du sociologue allemand Alfred Schütz *L'étranger*. En fait, Schütz s'intéresse moins à la façon dont l'étranger est perçu qu'au regard du nouveau venu sur le milieu étranger dans lequel il voudrait s'intégrer. La différence entre la vision du monde de l'étranger et l'état d'esprit des autochtones est si grande que l'histoire de l'intégration de l'étranger donne lieu à une série d'interprétations erronées. L'étranger recourt souvent à un schéma de référence pour s'expliquer sa nouvelle condition. Ce schéma lui vient du pays d'origine. Il sert, non pas à la communication vivante avec l'autre pays, mais plutôt à un regard distant sur ce pays. Dans ce sens le schéma en question est de l'ordre du préjugé. Schütz observe :

> La représentation toute faite du nouveau groupe qui existe au sein du groupe natal se révèle inadéquate pour l'étranger qui débarque, pour la bonne et simple raison qu'elle n'a pas été formée dans le but de provoquer une réponse ou une réaction de la part des membres du nouveau groupe[26].

Ce schéma d'interprétation est en principe non-dialogique, car il n'implique pas une communication avec une autre population. Plus l'étranger s'en affranchit, moins il se sentira étranger dans le nouveau pays.

Le Bulgare Todorov avait, lui aussi, son schéma de référence selon lequel la France était la Mecque de la littérature et des arts. Il s'en servira pendant un moment, puisqu'il ne cherchera pas de rapport entre la littérature qu'il étudie déjà en France et son contexte économique et social. Des années durant, le structuraliste théoricien de la littérature ne lit pas de journaux. Il se contente de plonger à fond dans l'univers des belles lettres. Todorov témoigne de son image préfabriquée de la France à travers son récit à propos d'un ami bulgare, l'avocat Karata. Celui-ci n'avait jamais été en

26 Alfred Schütz, *L'Étranger*, Paris, Allia, 2010, p. 22-23.

France mais avait, dans son étude d'avocat, une carte de Paris et pouvait longuement parler des personnalités anciennes et modernes qui avaient vécu dans cette ville. Dans les histoires racontées par Karata, la carte de Paris ne renvoie pas à une topographie concrète. Elle n'est que le point de départ d'un voyage intérieur à travers cette nouvelle Utopie. À l'évidence Todorov a retenu quelque chose du schéma de référence de Karata. Il vivra dans un premier temps en France avec l'image idéale de ce pays avant de le voir en face. Plus encore, il éprouve de la nostalgie pour cet idéal, même si pareil sentiment ne lui vient pas à l'esprit au sujet de la Bulgarie.

C'est le sentiment de nostalgie qui prouve la réalité de l'idéal, tout comme l'absence de celui-ci laisse entendre qu'une réalité avait cessé d'être désirable au point de devenir irréelle. Aux yeux de Todorov la Bulgarie a quelque peu perdu de sa réalité. Le pays natal ne suscite pas en lui de pensées nostalgiques.

L'autre posture initiale de l'étranger qui se retrouve dans un milieu nouveau se définit à partir du regard des autres sur lui, un regard en partie idéalisant. Dans ce cas, ce que l'intellectuel étranger porte en lui est interprété d'avance comme un avantage dans la mesure où il est censé posséder un savoir venu d'ailleurs. Si le mode de vie de l'étranger est mal perçu, puisqu'il est présumé mettre en question la vie et les traditions des autochtones, le savoir venu de l'étranger est auréolé d'une transcendance attrayante. L'image de celui qui possède un savoir venu d'ailleurs entre en correspondance avec la figure mythique du prophète, du sorcier, du chaman qu'analyse Youri Lotman dans une étude sur l'« izgoï » (l'étranger, l'autre). Cette étude s'appuie sur le paradigme « le nôtre-l'étranger ». Lotman distingue l'étranger indésirable de l'étranger désirable selon un sentiment de supériorité ou d'infériorité que l'immigré suscite chez les autochtones :

> D'une part, le venu d'ailleurs est un 'étranger', un ennemi, un métèque sans aucun droit civil. Le venu d'ailleurs se retrouve sur « notre » territoire, mais il appartient à un monde autre, au monde d'où il vient. D'autre part, le chaman, le sorcier, le prophète est à la fois « notre et étranger ». Il appartient à « notre » monde en même temps qu'à l'autre monde, à l'au-delà. Dans le premier cas, l'« étranger »fait l'objet d'une hostilité ou d'une protection, dans le second cas – de crainte et d'estime[27].

27 Youri Lotman, « L''izgoï' une figure socio-psychologique dans la culture russe surtout avant l'époque de Pierre le Grand », in *Poétique. Typologie de la culture*, recueil d'études de Lotman traduites en bulgare et choisies par Ivaylo Znepolski, Éditions. Narodna kultura, Sofia, 1990, p. 468.

Le nouvel immigré Todorov est à associer aux figures du second groupe identifié par Lotman. Il est Bulgare mais il connaît le français, il se familiarise vite avec la littérature française et, détenteur d'un savoir étranger, il inspire plutôt l'estime que la crainte. Le mot du philosophe André Glucksmann à l'adresse de Todorov est significatif à cet égard : « Tu dis parfois des platitudes qui, grâce à ton accent, paraissent très profondes[28]. » Par conséquent, dans la perspective de Schütz, pour réussir son intégration, l'étranger doit se défaire du schéma d'interprétation du pays d'accueil, un schéma acquis dans le pays natal. Dans la perspective de Lotman, l'intégration de l'étranger ne se fait que lorsque les autochtones cessent de voir en lui un détenteur de savoir venu d'ailleurs. Dans le cas de Todorov, le processus d'assimilation en France obéit à ces deux tendances.

Le jeune immigré en France aspire donc à une « immersion », à « un mimétisme total[29] », ce qui suppose une assimilation des goûts et du mode de vie des Français, un mariage avec une Française, un poste dans une institution prestigieuse (le CNRS). Bref, l'intégration de Todorov est rapide et réussie. Il devient d'ailleurs une des figures représentatives du structuralisme français qui séduit le monde entier. Sur sa nouvelle carte de visite, les origines bulgares ne sont qu'un pâle filigrane. Objectivement le processus d'intégration de l'immigré Todorov durera toute la vie. Selon le bilan subjectif que Todorov dresse lui-même de son passé français ce processus dure dix ans, de 1963 à 1973, et il prend fin au moment de la nationalité française (en 1973). Il s'agit d'une année charnière dans l'évolution intérieure de Todorov. À la question de Catherine Portevin : « Qu'a changé pour vous, dans votre identité intime, cette nouvelle carte d'identité nationale ? », Todorov répond en comparant la séparation avec le pays natal à la séparation avec une épouse, une association qui n'est peut-être pas fortuite :

> Elle a d'abord régularisé ma relation avec la Bulgarie. C'est comme dans un divorce. Généralement, quand le divorce est prononcé, la séparation est effective depuis longtemps, les sentiments sont morts, on croit donc que c'est une pure formalité. Or c'est faux : ce geste permet de faire le deuil de la relation, parce que le vécu personnel reçoit une traduction légale. On peut même rétablir alors des relations calmes avec l'ex-conjoint, sur une nouvelle base, où l'on ne se reproche plus le manque d'amour. C'est un peu ce qui s'est passé pour moi avec la Bulgarie : je l'avais désormais quittée aux yeux de la loi[30].

28 Tzvetan Todorov, *Devoirs et délices*, *op. cit.*, p. 161.
29 *Ibidem.*
30 *Ibid.*, p. 165.

La confidence de Todorov contient quelques aspects importants. D'abord, pour lui la nationalité française ne vient pas s'ajouter à la nationalité bulgare même si cela aurait été possible sur le plan administratif. En fait la nationalité française se substitue à la nationalité bulgare. Deuxièmement, la séparation officielle avec la patrie, comparée à un divorce, révèle deux niveaux de lien – formel et intime. Ceux-ci ne coïncident pas, même s'ils avaient longtemps dépendu l'un de l'autre. La rupture du lien extérieur semble rompre aussi le lien intime quoique les sentiments de Todorov pour la Bulgarie aient été depuis longtemps au point mort.

Là-dessus, je me permettrai une parenthèse. Très souvent, des journalistes bulgares qui n'ont pas lu Todorov, expliquent son refus de leur accorder une interview à l'aide d'une hypothèse facile et simpliste : Todorov « aurait détesté » la Bulgarie. Cette explication un peu trop expéditive ne saurait expliquer les sentiments de Todorov vis-à-vis de la Bulgarie. Il en sera question dans la troisième partie de cette étude. J'observerai pour l'instant que la naturalisation française de Todorov lui permet de dédramatiser le lien avec le pays natal, lien qu'il ressentait surtout comme une dépendance imposée. La citoyenneté française procure de l'assurance. Elle renforce la nouvelle identité de l'immigré qui peut déjà établir des rapports sereins avec la patrie. D'ailleurs, ces rapports font partie de la vie privée, et non pas de la vie publique de Todorov. Ils sont vécus avant tout à travers les liens avec la famille et avec les amis en Bulgarie.

Néanmoins, le rapport à la Bulgarie continue. Quelle en est la nature ? Après avoir rejeté l'hypothèse de la « haine », je me démarquerai de celle de « l'amour de la patrie », sentiment que découvrent en eux plusieurs immigrés. Stéphane Popov en parle en termes poétiques, voire mystiques :

> L'amour de la patrie qui surgit spontanément, purement, sans contrainte et sans fard ne peut être nié que par ceux chez qui la richesse innée des sources nationales a tari, et pour lesquels la rumeur natale de la vie a été étouffée par l'écho du bourdonnement étranger[31].

Il est peu probable que Todorov se soit reconnu dans l'opposition des « sources nationales taries » et de « l'écho du bourdonnement étranger ». La constitution de son identité n'obéit pas au mouvement bipolaire du « national » et de « l'étranger ».

---

31 Stéphane Popov, *Insomnies*, *op. cit.*, p. 59.

Il faudrait se rappeler que l'époque de la naturalisation française de Todorov est aussi celle d'un tournant de ses recherches – non pas pour faire l'éloge d'une culture au détriment d'une autre, mais pour mettre en valeur le croisement des cultures. Le premier ouvrage issu de la nouvelle orientation de Todorov est son livre *La conquête de l'Amérique. La question de l'autre* (1982). À propos de ce livre Todorov dira plus tard : « Cette rencontre lointaine entre populations qui s'ignorent m'est apparue comme une sorte de parabole de ce que moi et tant d'autres immigrés avions vécu en changeant de pays[32] ».

La rupture du lien affectif et officiel avec la patrie marque le début d'un nouveau rapport à elle. Désormais la Bulgarie deviendra un sujet de recherche non seulement parce que les éditeurs français pensent que Todorov connaît aussi bien la France que la Bulgarie. Les raisons de Todorov d'étudier certains phénomènes et personnalités bulgares sont aussi existentielles. La séparation formelle avec le pays natal rend possible le discours analytique à partir d'un point de vue que Stéphane Popov a formulé très justement : « Une chose est d'être né Bulgare, c'en est une autre de le rester. Y a-t-il une connaissance plus merveilleuse que celle de comprendre que le monde ne finit pas avec la Bulgarie mais que pour toi il commence avec elle[33] ». Todorov souscrirait volontiers à ces mots.

Je disais donc que l'intégration de Todorov en France se faisait en apparence vite, facilement et d'une manière très réussie. À partir d'un moment, il ne se sent plus un étranger et il évoque au passé son expérience d'immigré. Sans pour autant oublier qu'il n'est pas un Français de souche. Au bout d'une période de 10 ans, qui a pris fin avec l'acquisition de la citoyenneté française, Todorov se définit comme un *homme dépaysé*. Là-dessus on peut se demander s'il n'est pas en train de nier tout ce que l'immigré avait acquis. Non, manifestement, à entendre ses propres explications :

> Une fois ma naturalisation acquise, mon intégration accomplie, je me suis, en effet, découvert « homme dépaysé » … Je préfère cette expression à celle de « déraciné », que je trouve inappropriée – à vrai dire, un non-sens : l'homme n'est pas une plante ; sa flexibilité, sa capacité d'adaptation à des environnements divers est même ce qui le caractérise, au sein des autres espèces vivantes.
> Dans « dépaysé » j'entends à la fois le départ du pays d'origine et le regard

32 Tzvetan Todorov, *La signature humaine. Essais 1983-2008*, Paris, Le Seuil, 2009, p. 11.
33 Stéphane Popov, *Insomnies*, *op. cit.*, p. 59.

> neuf, différent, surpris, que l'on jette sur le pays d'accueil – un effet, cette fois-ci, dépaysant. Et je vis cette condition comme une richesse, non comme un appauvrissement[34].

Pour Todorov la vie en pays étranger implique d'abord un déplacement du regard qui se porte non pas sur le pays natal mais sur le pays d'accueil. Or, le nouvel objet, à savoir le « pays étranger » porte inévitablement quelques marques du pays d'origine dans la mesure où le sujet adopte deux points de vue, celui du passé bulgare et celui du présent français. À partir de ce moment la conscience de l'immigré devient dialogique. Elle se considère aussi enrichie de sa double perspective sur le monde et sur les hommes. L'immigré Todorov se sent moins un « homme dépaysé » qu'un Français au passé bulgare. La dynamique de cette évolution passe à la fois par la déculturation et par l'acculturation, autrement dit par une perte partielle du lien à la culture d'origine et par l'acquisition d'une culture nouvelle.

Pareille approche de l'identité de l'immigré ne relève pas du bien-être matériel, du désir d'une liberté sans entraves ou de la réussite professionnelle. Elle est le fait d'un état d'esprit permettant à l'individu d'assimiler d'autres cultures, ce qui ne va pas sans un déracinement intellectuel. Dans ce sens, le Français naturalisé qu'est Todorov reste en effet un homme dépaysé.

Todorov revient sur cette notion dans son essai sur Edward Saïd, l'intellectuel américain charismatique d'origine palestinienne auquel il est lié professionnellement et en ami. À lire cet essai biographique on ne peut s'empêcher de voir dans le portrait de Saïd un autoportrait de Todorov. Évoquant l'idée de Saïd selon laquelle l'intellectuel est en quelque sorte un exilé à cause de son hétérodoxie, Todorov ajoute de nouveaux arguments à sa conception de « l'homme dépaysé ». L'intellectuel choisit délibérément une position marginale afin de pouvoir parler librement de la société à laquelle il appartient, mais aussi vis-à-vis de laquelle il prend ses distances :

> Il ne renonce pas entièrement à son identité antérieure mais participe simultanément de deux cadres de référence, sans s'identifier pleinement à aucun. Cet individu voit chacune de ses cultures à la fois du dedans et du dehors, ce qui lui permet d'échapper à leurs automatismes et de les examiner d'un regard critique[35].

---

34 Tzvetan Todorov, *Devoirs et délices*, *op. cit.*, p. 166.

35 Tzvetan Todorov : *Vivre seuls ensemble. La signature humaine 2*, Le Seuil, coll. « Points Essais », 2012, p. 35.

Le statut de l'intellectuel « dépaysé » rappelle en partie celui de l'ethnologue que Mikhaïl Bakhtine appelle *vnenakhodimost'*, néologisme russe que Todorov traduit par le mot *exotopie*[36], c'est-à-dire le fait de se trouver quelque part tout en restant à l'extérieur. Or, dans le cas de Todorov ou de Saïd, il s'agit non pas d'une exotopie proprement dite mais d'une double appartenance – à la culture d'origine et à la culture d'accueil, chacune étant appréhendée à la fois de l'extérieur et de l'intérieur.

Une autre idée chère à Todorov qu'il formule à propos de Saïd, l'homme dépaysé, insiste sur le fait que celui-ci « n'est pas dupe des mots ni des habitudes[37] ». Cette position ambivalente ne signifie pourtant pas qu'aux yeux de l'homme dépaysé les deux pays se valent : « Les deux pays ne se situent pas sur le même plan : il se forme entre eux des hiérarchies complexes, certains gestes sont possibles dans l'une des cultures mais non dans l'autre, certains mots sont traduisibles, d'autres non. L'exilé vit toujours dans un hors-lieu, à contre-voie, il est marginalisé – mais il tient à cette insuffisance comme à un privilège[38]. »

Cependant l'exotopie et la marginalité de l'intellectuel immigré ne constituent pas de valeurs absolues. Elles se manifestent à des degrés différents dont les conséquences sont importantes. On découvre ces valeurs dans la pensée de l'auteur médiéval Hugues de Saint-Victor que cite Todorov dans l'Épilogue de *La conquête de l'Amérique* :

> « L'homme qui trouve sa patrie douce n'est qu'un tendre débutant ; celui pour qui chaque sol est comme le sien propre est déjà fort ; mais celui seul est parfait pour qui le monde entier est comme un pays étranger » (moi, qui suis un Bulgare habitant en France, j'emprunte cette citation à Edward Saïd, Palestinien vivant aux États-Unis, qui l'avait trouvé lui-même chez Erich Auerbach, Allemand exilé en Turquie)[39].

Cette pensée empruntée à d'autres devient, dans l'usage qui en est fait ici, une image de la course de relais à laquelle participent des intellectuels exilés. Todorov apparaît comme le dernier « coureur ». Si des immigrés d'époques et de générations différentes embrassent cette pensée, il n'en reste pas moins que leurs idées de leur propre exotopie

---

36 Notamment dans son livre *Les morales de l'histoire*, Paris, Grasset, 1991, p. 26.

37 *Ibid.*, p. 95.

38 *Ibidem.*

39 Tzvetan Todorov, *La conquête de l'Amérique*, Paris, Le Seuil, 1982, p. 253.

diffèrent sensiblement l'une de l'autre. Pour le chrétien médiéval Hugues de Saint-Victor l'exotopie rêvée est dans l'Au-delà qu'il associe à l'idéal de la divinité et de l'immortalité. Edward Saïd, bien qu'établi durablement à New York comme Professeur à la prestigieuse université Columbia, n'a cessé de nourrir en lui-même l'idéal d'un nomadisme de l'esprit. Todorov cite un extrait d'une lettre de Saïd à son ami Daniel Barenboim écrite à la fin de sa vie : « Avec le temps, j'en suis venu à considérer que cette idée de 'chez soi' est largement surévaluée [...]. Cette notion de 'patrie' ne m'intéresse guère. L'errance est vraiment ce que je préfère[40] ». Saïd pense à cet état d'esprit qui maintient vivante et dynamique la pensée de l'intellectuel et qui risque de s'amortir dans la vie sédentaire.

Le détachement de la patrie ou du pays d'accueil relève en principe du cosmopolitisme. Or, dans le cas concret il convient de distinguer, d'une part, le cosmopolitisme comme un idéal de l'esprit, et, d'une autre, la non-appartenance à un pays donné. Celui-là est un mirage trompeur, celui-ci est un état douloureux. L'expérience de l'immigré Stefan Zweig est emblématique à cet égard. Le moment où l'angoisse de l'apatride repousse en arrière-plan l'esprit du cosmopolite invulnérable devient l'occasion d'un triste bilan :

> Je perdis par-là mon passeport autrichien et je dus solliciter du gouvernement anglais, pour le remplacer, une feuille de papier blanc – un passeport d'apatride. Souvent, dans mes rêves de cosmopolite, je m'étais secrètement représenté combien il devait être délicieux et, à vrai dire, conforme à mes sentiments les plus intimes d'être sans nationalité, de n'avoir d'obligations envers aucun pays et, de ce fait, d'appartenir indistinctement à tous. Mais une fois de plus je dus reconnaître combien notre imagination humaine est insuffisante et que l'on ne comprend vraiment les sentiments les plus importants, justement, que quand on les a éprouvés en soi-même[41].

Ici, la souffrance de l'apatride est due à des circonstances contraignantes. Elle est la conséquence de ces circonstances plutôt que de la séparation physique avec la patrie. Néanmoins, le manque réel du pays natal est ressenti comme une douleur cuisante : « Le jour où mon passeport m'a été retiré, j'ai découvert, à cinquante-huit ans, qu'en perdant sa patrie on perd plus qu'un coin de terre délimité par des frontières[42] ». Ce que

40 Tzvetan Todorov, *La signature humaine*, *op. cit.*, p. 96.
41 Stefan Zweig, *Le Monde d'hier*, *op. cit.*, p. 475.
42 *Ibid.*, p. 480.

Zweig ne dit pas tout en le laissant entendre est qu'au moment où l'on perd sa patrie – « un coin de terre délimité » – on se sent rejeté par l'univers, alors que jusqu'à ce moment la vie confortable chez soi faisait miroiter le rêve d'être un citoyen du monde.

Todorov connaît *Le Monde d'hier* de Zweig[43]. Il ne s'est pourtant pas fait les illusions dont parle le grand écrivain autrichien. Il ne partage pas non plus l'idéal de Saïd au sujet du nomadisme de l'esprit. Il conçoit sa vie d'intellectuel et de savant non pas sous forme d'un cosmopolitisme tous azimuts ou d'une errance spirituelle mais suivant l'axe linéaire d'un cheminement entre la culture d'origine et la culture d'accueil :

> Je ne crois pas aux vertus du nomadisme systématique, de l'accumulation illimitée des emprunts culturels. Pour être à l'aise dans une culture, de nombreuses années d'apprentissage sont nécessaires ; la durée limitée de la vie humaine nous empêche d'aller au-delà de deux ou trois expériences semblables[44].

Le cheminement entre les deux cultures n'est pas à sens unique. Il implique un aller-retour, car la culture natale, quoique déjà fanée, reste une source vive de la pensée, tandis que la culture acquise, tout en étant désirable reste toujours entachée de la culture d'origine. Dans *Devoirs et délices* Todorov reprend l'idée que la vie réelle se déroule non pas sur les horizons ouverts du cosmopolitisme mais au sein d'un cadre concret bi- ou tri-culturel : « Les cultures sont par définition particulières, locales, et acquérir une culture prend du temps. Sur la durée d'une vie humaine, on peut acquérir une seconde culture, peut-être une troisième, mais pas plus[45]. »

On le voit, à la différence de penseurs tels que Hugues de Saint-Victor, Erich Auerbach ou même d'un « frère d'esprit » comme Edward Saïd qui appréhendent l'exil intellectuel d'une manière abstraite ou métaphysique, Todorov relie son évolution intérieure d'immigré à des facteurs réels, tels la culture nationale et le temps de vie nécessaire à son assimilation. On perçoit mieux maintenant comment le destin de l'immigré rend visible le phénomène de cultures migrantes. Ce processus est également bidirectionnel. D'une part, l'immigré assimile la culture

43 *Cf.* Tzvetan Todorov, *Devoirs et délices*, *op. cit.*, p. 167.
44 Tzvetan Todorov, *L'Homme dépaysé*, Paris, Le Seuil, 1996, p. 25.
45 Tzvetan Todorov, *Devoirs et délices*, *op. cit.*, p. 167.

étrangère à travers la sienne d'origine, d'autre part la culture étrangère change sous l'effet de la présence de l'immigré intellectuel qui exerce un « effet de distanciation » sur le milieu environnant qui commence à regarder autrement sa propre culture qu'il avait l'habitude de concevoir comme une nature[46].

Les cultures migrent dans les deux sens et cela non seulement grâce aux immigrés. On peut contribuer au croisement des cultures dans son propre pays. Todorov note :

> Le passage d'un pays à l'autre, aujourd'hui une expérience fort répandue, n'est du reste pas la seule forme de dépaysement : porteurs d'identités multiples, nous pouvons le vivre en changeant de province, ou de milieu, ou de profession, ou de système de valeurs ; simplement l'exil est la forme emblématique de toutes ces « transculturations[47] ».

Les cultures migrantes participent d'un processus objectif que l'on observe, quoique sous diverses formes, dans toutes les époques. Ce processus possède ses dimensions subjectives et existentielles. Todorov en parle peu quand il évoque sa vie en France. En revanche il leur consacre un texte autobiographique – « Aller-retour » publié en ouverture de son livre *L'Homme dépaysé.*

LE RETOUR DANS LE PAYS D'ORIGINE

Fait exceptionnel chez Todorov, ce texte est très personnel. D'habitude Todorov n'aime pas parler de soi et préfère observer les autres plutôt que de se livrer à l'introspection. « Aller-retour » évoque le premier retour de Todorov en Bulgarie en 1981, après l'avoir quittée 18 ans auparavant. L'occasion de ce retour était officielle. Todorov faisait partie de la délégation française au Premier congrès international d'études bulgares. Dans la vie de tout immigré, le premier retour au pays d'origine est lié à des émotions fortes. Le séjour dans la patrie déclenche des souvenirs, des réflexions sur le passé et le présent de l'immigré. Le retour dans le

---

46 Tzvetan Todorov, *La signature humaine*, *op. cit.*, p. 95.
47 *Ibidem.*

pays est la rencontre, la collision même de deux périodes éloignées dans la vie de l'homme. Penser cette collision lui permet de mieux saisir son identité présente. D'où l'importance que Todorov attache à cette expérience : « Ce séjour m'a [...] révélé une dimension de mon identité[48]. »

Est-ce que Todorov avait désiré ce retour ? Oui et non. Il a certainement voulu retrouver ses parents, ses amis, les lieux qui lui étaient chers, bref toucher à tout ce de quoi il avait été séparé pendant dix-huit ans. Dans le même temps, il avait des réserves et des doutes. Pour preuve, un rêve récurrent : Todorov rêve qu'il est de retour à Sofia mais quand vient le moment de rentrer à Paris, apparaît toujours un obstacle infranchissable. Le rêve tourne ainsi au cauchemar. « J'ai appris depuis que ce rêve était commun à beaucoup d'émigrés, en tout cas parmi ceux qui venaient de l'Europe de l'Est[49] ». Inutile de recourir à la psychanalyse pour interpréter ce cauchemar à répétition. Ce rêve est sans aucun doute l'expression de la crainte de l'immigré que le retour dans le pays ne devienne une prison privant l'immigré de sa seconde patrie. Qu'y a-t-il derrière cette crainte éprouvée par Todorov ? Avant d'essayer d'y répondre, je me permettrai une petite digression.

Chez tout immigré, la pensée de la patrie fait naître le sentiment d'irréalité. Ce sentiment, du reste propre à chaque être humain, est dû au difficile équilibre entre le réel et les souvenirs, entre le moi passé et le moi actuel de l'homme dépaysé.

De retour en Bulgarie, Todorov éprouve un malaise quand il se rend compte que l'une de ses deux identités – la bulgare et la française – semble irréelle :

> D'où la persistance de cette impression : l'une de mes vies doit être un rêve. À Sofia, c'était la vie en France qui me paraissait comme un rêve et je sentais cette impossibilité de revenir en arrière qu'on éprouve au réveil. Je me surprenais à dire fréquemment, lors d'une nouvelle rencontre : Voilà encore un fantôme ! ou, indifféremment : Je suis un fantôme, mieux : un revenant[50].

La mère de Todorov se demande également si son fils était rentré pour de vrai ou bien si tout cela n'avait été qu'un rêve. Après être rentré à Paris, Todorov reçoit une lettre de sa mère qui lui dit : « Je me demande

48 Tzvetan Todorov, *L'Homme dépaysé*, *op. cit.*, p. 13.
49 *Ibid.*, p. 12.
50 *Ibid.*, p. 19.

si tu es vraiment venu ici ou si cela n'a été qu'un rêve. » Et Todorov d'ajouter : « Rêve ou folie, car je ne fais peut-être que prétendre avoir vécu ici et là[51] ? »

Stéphane Popov, qui fut un immigré malgré lui, je le rappelle, voit son séjour à l'étranger d'un point de vue opposé. Pour lui ce séjour est un épisode indésirable, une anomalie où sa vie actuelle d'exilé semble provisoire et prendra fin, une fois qu'il aura renoué avec son passé : « [...] l'émigré trouve que le réel actuel est un mauvais rêve, quelque chose d'irréel. Aussi imagine-t-il son avenir uniquement comme un passé dont les sources vivifiantes n'ont pas tari complètement ; il suffirait de restaurer les conditions extérieures du passé pour le faire ressusciter[52]. » Dans le cas de Popov, le sentiment d'irréalité lui vient de son refus d'être immigré, d'évoluer dans un milieu nouveau, de dire adieu à son passé.

Stéphane Gruev aussi vit avec la pensée constante à la patrie lointaine. Cette présence intérieure se double d'un sentiment d'irréel. Un demi-siècle de vie à l'étranger n'efface pas la pensée permanente à la patrie. Gruev rêve de la Bulgarie au moins une fois par semaine : « Il ne se passait pas une semaine sans que je rêve de la Bulgarie[53] ». Dans l'esprit de l'immigré, la pensée à la patrie rend quelque peu irréel le milieu environnant. D'autre part, de retour en Bulgarie qu'il n'avait pas vue depuis 46 ans, Gruev part « à la recherche du temps perdu » avec le sentiment de ne plus savoir qui il est : « De temps en temps, j'avais le sentiment étrange que ce passé n'était qu'un rêve et que le garçon bulgare que je recherchais – Steftcho, comme on m'appelait à l'époque – n'avait jamais vécu ici[54] ». Dans le cas de Stéphane Gruev on découvre un troisième type de sentiment d'irréel. Il s'agit cette fois-ci d'irréalité de son moi actuel qui est mis en question sous le flot des souvenirs des années de jeunesse. Lorsque le public du théâtre sofiote qui joue une pièce d'après son livre *Une couronne d'épines* l'acclame avec les mots « L'auteur, l'auteur ! », Gruev se transporte en pensée vers le passé lointain : « L'auteur qu'on glorifiait, ce n'était pas moi, c'était le jeune et pudique Steftcho, le jeune homme qui rêvait d'être un jour un grand auteur dramatique[55] ». Le fusionnement du passé et du présent

---

51 *Ibidem.*
52 Stéphane Popov, *Insomnies*, *op. cit.*, p. 173.
53 Stéphane Gruev, *Mon odyssée*, *op. cit.*, p. 646.
54 *Ibid.*, p. 649.
55 *Ibid.*, p. 653.

de l'immigré actuel vient clore tout un cycle de vie, un cycle toujours perturbé chez l'immigré. Les phrases finales du livre de Gruev soulignent l'harmonie rétablie entre le moi de l'exilé et le moi du jeune Bulgare qui ne s'imaginait pas son avenir en dehors de la Bulgarie : « De toute façon le cercle s'est fermé. Mon odyssée pleine d'aléas et d'évènements, qui avait duré 46 ans, prenait fin. Comme Tontcho Jetchev aimait le dire, je suis rentré dans mon Ithaque[56]. »

L'étude d'Alfred Schütz « L'homme qui rentre au pays » s'ouvre par un épisode de l'*Odyssée* d'Homère, lorsque le héros se retrouve enfin à Ithaque mais ne reconnaît pas son royaume, tandis que ses sujets ne le reconnaissent pas non plus. Dans le hiatus entre l'image de la patrie que l'exilé avait longtemps portée en lui-même et la réalité physique du pays, Schütz voit un indice de l'identité problématique de l'immigré qui est de retour dans le pays : « Celui qui revient au pays s'attend à retrouver un environnement dont il a toujours eu, et a encore – du moins le croit-il – une connaissance intime et qu'il lui suffit donc de tenir pour sûr afin d'y trouver ses repères[57] ». Or la méprise sera donc inévitable : alors une moitié de la vie de l'immigré, la présente ou l'actuelle, semble irréelle. Le voyage d'Ulysse vers le pays natal traverse de nombreuses péripéties mais se termine finalement bien. Le retour de l'ancien exilé Ulysse est heureux. Celui de Stéphane Gruev aussi, puisque le pays natal devient la scène théâtrale où ses rêves de gloire d'écrivain se réalisent.

Todorov aurait pu, lui aussi, vivre ainsi son premier retour en Bulgarie. La forte impression de sa communication présentée au Congrès d'études bulgares, l'admiration que lui témoignaient des universitaires connus et inconnus pourraient facilement susciter en lui la joie d'un rêve réalisé : le jeune Bulgare de jadis est de retour au pays comme un théoricien mondialement connu de la littérature. Or, le récit que fait Todorov de son premier retour à Sofia ne contient pas la moindre trace de joie.

Ulysse ne reconnaît donc pas tout de suite son Ithaque. Je pense que ce fait signifie l'incapacité de prendre en considération les changements intervenus dans le pays natal. En revanche, Todorov n'est guère surpris ou étonné des changements qu'il ne manque pas de constater : « Il suffisait que je me retrouve à Sofia pour que tout me redevienne immédiatement familier ; je faisais l'économie des processus d'adaptation préliminaires.

56 *Ibidem.*
57 Alfred Schütz, « L'homme qui rentre au pays », in *L'étranger*, *op. cit.*, p. 42-43.

Je ne me sentais pas moins à l'aise en bulgare qu'en français, et j'avais le sentiment d'appartenir aux deux cultures à la fois[58] ». Or la facilité à reconnaître les lieux et à retrouver sa maîtrise de la langue bulgare ne fait que souligner les difficultés de communiquer avec les proches et avec les connaissances : « ce furent pour moi des jours de malaise et d'oppression psychique[59]. » Ce malaise ne se dissipera pas à la suite de l'accueil chaleureux qu'on lui réserve. Todorov compare son séjour chez lui, à Sofia, à une situation extrême qui met à l'épreuve son identité tout en la révélant d'une façon plus authentique :

> Certains hommes descendent au fond des grottes profondes pour observer, dans ces circonstances exceptionnelles, les réactions de l'organisme ; cela permet ensuite de mieux connaître son fonctionnement normal. Sans le faire exprès, j'ai été, pendant ces dix jours du mois de mai 1981, le sujet d'une expérience aussi peu commune : non une descente à mille huit cents mètres sous la terre, mais un retour au lieu quitté dix-huit ans auparavant[60].

Comment se fait-il que le retour chez soi soit vécu comme une dure épreuve spéléologique ? Pourquoi Todorov remplace-t-il le paradigme du « confort au foyer » par celui des dures épreuves de la grotte ?

Poursuivons encore un instant le parallèle entre le récit de Todorov et l'essai de Schütz « L'homme qui revient au pays ». Le sociologue allemand décrit le riche symbolisme de la maison natale aux yeux de son ancien habitant : « [...] la maison natale et la langue maternelle, la famille, les amours de jeunesse, les amis », « [...] un paysage aimé, 'les chansons que ma mère m'a apprises', les plats cuisinés d'une certaine manière, ces choses familières et quotidiennes, les us et les coutumes personnels – bref, une manière particulière de vivre qui se compose d'éléments importants et insignifiants, mais tous chéris de la même manière[61] ». Ce symbolisme évoque l'archétype du giron maternel et sa force d'attraction. Or, l'homme adulte ne peut plus rentrer dans le giron de sa mère ou, pour parler comme Héraclite, on ne se baigne pas deux fois dans la même rivière. Ainsi donc le retour dans le pays confronte-t-il le revenant avec l'inconnu, avec l'étranger. L'immigré retrouve le foyer mais celui-ci a changé. Lui aussi a changé. Schütz explique ce changement

---

58 Tzvetan Todorov, *L'Homme dépaysé*, *op. cit.*, p. 14.
59 *Ibidem.*
60 *Ibid.*, p. 13.
61 A. Schütz, « L'homme qui revient au pays », *op. cit.*, p. 46.

avec le travail du souvenir : « Son départ a remplacé ces expériences vivantes par des souvenirs, et ces souvenirs ne conservent que l'image du pays natal tel qu'il le voyait lorsqu'il l'a abandonné derrière lui[62]. »

Schütz pense à juste titre que les souvenirs font plus que conserver le passé. Ils transforment le vécu individuel en situation typologique. Le processus de typification sous l'effet du souvenir se déroule à travers le lien avec la maison natale et avec ceux qui l'habitent. En conséquence, l'image des compatriotes proches se rétrécit et, pour finir, se fragmente : « En disjoignant la communauté spatio-temporelle originelle, le champ dans lequel se manifestent et s'ouvrent à l'interprétation les expressions d'autrui a été rétréci. La personnalité d'autrui n'est plus accessible en tant qu'unité ; elle s'est brisée en morceaux[63]. »

Cette image fragmentaire et en même temps typifiée de la maison et des proches à travers laquelle l'immigré de retour affronte la réalité est une des raisons de passer à côté de celle-ci. L'autre raison de ce malentendu vient du fait que l'immigré amène à la maison quelque chose de l'expérience qu'il avait acquise à l'étranger :

> L'homme qui rentre au pays a goûté le fruit magique de l'étrangeté, qu'il soit doux ou amer. Même au cœur de son désir de retourner chez lui demeure toujours le souhait de transplanter dans le vieux modèle culturel quelque chose de ces nouveaux buts, de ces moyens de les réaliser qu'il a découverts récemment, des aptitudes et des expériences acquises à l'étranger[64].

L'analyse de Schütz nous aide à mieux comprendre l'inconfort ressenti par Todorov lors de son retour à Sofia. Ce malaise est la conséquence de la tension entre l'espace natal et l'espace étranger. Il y a pourtant autre chose qui déstabilise Todorov : l'élément natal et l'élément étranger n'impliquent plus des lieux fixes, puisqu'ils sont associés tantôt à la Bulgarie, tantôt à la France. Les deux patries ne sont pas pour autant interchangeables. De retour dans le pays, Todorov éprouve un malaise de voir que son identité lui échappe. En revanche, Gruev, Popov, Zweig et Mann ont ressenti un malaise pareil au moment de la séparation forcée avec la patrie. Dans les deux cas, il s'agit du même phénomène que l'on peut observer au niveau conceptuel à travers l'opposition *identité plurielle* /

62 *Ibid.*, p. 55.
63 *Ibid.*, p. 55.
64 *Ibid.*, p. 65.

identité déstabilisée. Dans le récit autobiographique « Aller-Retour » Todorov décrit ses états d'âme en rapport avec une idée qu'il aborde aussi dans sa communication au congrès : « Il vaut mieux vivre dans le présent plutôt que de tenter de ressusciter le passé[65]. » Ici, Todorov a en vue les valeurs nationales traditionnelles qui peuvent laisser s'abattre un lourd rideau sur les valeurs universelles surtout quand on sait que l'appartenance nationale est loin d'être le seul cadre pour l'identité culturelle de l'individu.

Nous savons bien aujourd'hui que l'individu n'est pas un tout monolithe. Chaque être humain porte en lui plusieurs couches stratifiées par son expérience personnelle. Todorov s'est prononcé plusieurs fois sur la question.

D'autre part, dans le contexte du congrès en question, Todorov se rend compte qu'il faut parler de valeurs nationales toujours en vue du lieu concret que l'homme habite. Vues par le Parisien ou bien par le Sofiote, ces valeurs apparaissent différemment. Quel est le lieu de parole de Todorov ? Celui de l'intellectuel parisien ? Celui de l'émigré bulgare ? C'est parce que ce dilemme touche à la question de la vérité qu'il pose problème à Todorov. Il sait pertinemment qu'il ne suffit pas d'énoncer une vérité. Celle-ci ne parvient aux autres qu'à la suite d'une communication authentique avec eux. D'où la question que Todorov se pose : laquelle de ses deux identités devrait-il revendiquer devant ses compatriotes bulgares ? Se comporter en Bulgare, ce serait passer sous silence tout ce qu'il avait assimilé durant les années passées en France. Adopter, devant les Bulgares, la posture d'un Français ne serait pas non plus la bonne solution. « Il était impossible, avec ces deux moitiés, de faire un tout ; c'était ou l'une, ou l'autre[66] ». En réalité, la solution ne réside pas dans l'alternative « ou bien, ou bien », mais dans la gradation des deux identités qui définissent la conscience de l'immigré.

Telle est la première conclusion que Todorov tire dans son explication sur le retour malheureux au pays. Bref, Todorov est un immigré heureux et un revenant malheureux. Cette formule n'est pas toujours valable. Ses composants peuvent former d'autres combinaisons, par exemple un immigré heureux et un revenant heureux, un immigré malheureux et un revenant malheureux, etc. La réaction singulière de Todorov s'explique

---

65 Tzvetan Todorov, *L'Homme dépaysé*, *op. cit.*, p. 15.

66 *Ibid.*, p. 19.

par son sens aigu d'appartenance culturelle, tandis que l'attitude de plusieurs autres immigrés dépend essentiellement de savoir jusqu'à quel point ils avaient réussi sur le plan familial, professionnel, matériel ou social, et, d'autre part, à quel point ils avaient conservé des liens affectifs forts avec la patrie. Dans son drame personnel de revenant au pays natal, Todorov voit une manifestation concrète du conflit possible entre les différents ingrédients qui forment notre identité. Il constate :

> La coexistence de deux voix devient une menace, conduisant à la schizophrénie sociale, lorsque celles-ci sont en concurrence ; mais si elles forment une hiérarchie dont le principe a été librement choisi, on peut surmonter les angoisses du dédoublement et la coexistence devient le terrain fertile d'une expérience nouvelle[67].

La bonne hiérarchie entre les voix intérieures de l'individu relève donc de ses priorités personnelles. Celles de Todorov sont bien visibles dans sa formule : « étranger 'chez moi' (à Sofia), chez moi 'à l'étranger' (à Paris)[68] ».

Au niveau existentiel, se sentir « étranger chez soi » entraîne les inconvénients dont il a déjà été question. Mais, dans le contexte du processus des cultures migrantes, la hiérarchisation intérieure des priorités culturelles s'opère en toute sérénité et en toute logique. Le lien avec la culture bulgare se relâche sans pour autant disparaître (il s'agit là d'une *déculturation*), l'appartenance à la culture française prend le dessus sans être pour autant absolue (*acculturation*). L'immigré Todorov vit dans un état qu'il appelle *transculturation.* Le mot signifie non pas une simple identification à une ou à plusieurs cultures mais une façon de vivre en les traversant et en y puisant de quoi construire sa propre individualité. « Mon état actuel ne correspond donc pas à la déculturation, ni même à l'acculturation, mais plutôt à ce qu'on pourrait appeler la *transculturation*, l'acquisition d'un nouveau code sans que l'ancien soit perdu pour autant[69]. »

Cette conclusion est un bilan que Todorov dresse de son expérience d'immigré. Ce bilan rejoint celui du savant que nous trouvons dans *Devoirs et délices*, lorsque Todorov définit son œuvre de chercheur comme celle d'un « passeur » et sa vie d'immigré comme étant celle d'un « hybride » :

67 *Ibid.*, p. 20.
68 *Ibid.*, p. 23.
69 *Ibidem.*

> Moi-même, je ne suis plus tout à fait bulgare, je ne suis pas complètement un Français comme les autres, je suis un hybride. Mais cette mixité n'est pas propre aux seuls exilés [...] Nous sommes tous des métis culturels ; simplement, certains cas sont plus visibles et plus parlants que d'autres[70].

Le cas de l'immigré Todorov est en effet « parlant », car son expérience peut nous ouvrir la voie à mieux connaître l'homme et son œuvre. Elle est aussi une clef pour la connaissance de nous-mêmes.

Stoyan ATANASSOV
Sofia University
« St. Kliment Ohridski »

70 Tzvetan Todorov, *Devoirs et délices*, *op. cit.*, p. 173.

EXIL EXISTENTIEL ET EXPÉRIENCES EXILIQUES AU FÉMINININ

dans trois romans de Milan Kundera

L'exil et l'émigration forment une thématique récurrente dans l'œuvre de Milan Kundera qui acquiert une importance particulière avec la parution du *Livre du rire et de l'oubli*, son premier roman écrit en France. Cette problématique traverse le cycle français des romans en tchèque et s'amplifie dans les romans rédigés en langue française en atteignant une acuité particulière dans *L'ignorance*. La lignée des personnages d'exilé(e)s permet à l'écrivain d'explorer la condition exilique comme situation existentielle et passage au-delà d'une pluralité de frontières, tant géographiques que symboliques.

Cet article examine certaines variations essayistiques et romanesques sur le thème de l'exil et de l'émigration dans l'œuvre de Milan Kundera. Nous proposons une étude de cas centrée sur trois figures féminines représentatives de différentes expériences exiliques. Les déclinaisons existentielles de l'exil sont analysées dans la perspective des personnages Tamina (*Le livre du rire et de l'oubli*), Sabina (*L'insoutenable légèreté de l'être*) et Irena (*L'ignorance*). Au prisme de leurs trajectoires sont dégagées les dominantes affective, esthétique ou libératrice de l'expérience exilique ainsi que ses manifestations traumatiques, ambivalentes, voire inversées.

EXIL EXISTENTIEL ET ÉMIGRATION
Entre appartenance et distanciation

« Milan Kundera est né en Tchécoslovaquie. En 1975, il s'installe en France. » Cette note lapidaire représente le péritexte biographique officiel que les lecteurs français trouvent dès les premières pages des éditions « Folio » des œuvres de l'auteur ayant une « conscience translinguistique[1] ». Interdit de publication dans son pays d'origine, Kundera émigre en France et obtient la nationalité française en 1981. L'écrivain insiste d'ailleurs sur le fait qu'il a éprouvé en France « l'inoubliable sensation de renaître[2] » et qu'il est revenu à la littérature au bout d'une pause de six ans. Sa discrétion et son retrait de l'attention médiatique reflètent certaines réticences à l'égard du monde de l'*imagologie* qu'il a décrit dans son roman *L'Immortalité*. Ce choix traduit le refus de l'exposition médiatique et des révélations autobiographiques. Dans ses essais pourtant, l'auteur médite sur la condition d'émigré et sur les questions de l'émigration et de l'exil. Kundera intègre son « dictionnaire personnel » dans *L'Art du roman* et avoue sa déception à l'égard de certaines traductions de ses romans. Cette prise de conscience douloureuse l'a incité à revoir (entre 1985 et 1987) les traductions en français de ses textes rédigés en langue tchèque. Il précise : « Ce fut un intense travail de deux ans. Depuis lors je considère le texte français comme le mien et je laisse traduire mes romans aussi bien du tchèque que du français. J'ai même une légère préférence pour la seconde solution[3]. »

Dans la définition de certains des « Soixante-treize mots » le lecteur discerne l'aspiration de l'écrivain à l'universalité de l'expression littéraire, ainsi que les difficultés dues aux nuances et particularités sémantiques des mots dans les langues différentes. La conscience translinguistique de Kundera est une dimension primordiale du processus

1 François Ricard, le spécialiste de l'œuvre de Kundera qui a dirigé sa parution dans la prestigieuse collection de « La Pléiade », affirme que « Kundera a ce qu'on pourrait appeler une "conscience translinguistique" de son art. » Florence Noiville, « Milan Kundera, sa vie est ailleurs », *Le Monde*, 02/04/2014.

2 Kvetoslav Chvatik, *Le monde romanesque de Milan Kundera*, traduit de l'allemand par Bernard Lortholary, Paris, Gallimard, coll. « Arcades », 1995, p. 251.

3 *Ibid.*, p. 250.

de « transculturation[4] ». Ainsi l'auteur propose-t-il une définition et une analyse linguistique comparée du mot « chez-soi » : « *Domov* (en tchèque), *das Heim* (en allemand), *home* (en anglais) veut dire : le lieu où j'ai mes racines, auquel j'appartiens[5]. » L'écrivain révèle la difficile transposition de la teneur sentimentale de ce mot en français.

La question de l'appartenance au lieu d'origine ou au pays d'adoption dans le cas des écrivains et des artistes en général préoccupe Kundera qui y revient dans le chapitre « L'arithmétique de l'émigration » de son essai *Les Testaments trahis*. Il cite quelques auteurs célèbres et évoque l'empreinte de leur condition d'émigrés sur leurs romans et langue(s) d'écriture. Il se penche aussi sur le problème de l'éloignement ou de la distance qui s'instaure avec le temps. Cette « douleur de l'aliénation[6] » est conceptualisée dans la notion *die Entfremdung* qui désigne « le processus durant lequel ce qui nous a été proche est devenu étranger[7] ». Kundera précise d'ailleurs qu'« on ne subit pas l'*Entfremdung* à l'égard du pays d'émigration : là, le processus est inverse : ce qui était étranger devient, peu à peu, familier et cher[8]. » Ces processus se rapportent au phénomène de perception cognitive et ontologique de la condition d'exilé. Nous pourrions nommer « exil existentiel » l'exil définitif et assumé qui à force de se prolonger devient un choix individuel. Or, *die Entfremdung* suppose une prise de conscience de certaines implications de l'exil existentiel et fait penser aux processus concernant l'immersion culturelle formulés par Tzvetan Todorov dans *L'Homme dépaysé* : la déculturation et l'acculturation. Par son aspect de distanciation, tant physique que psychologique, *die Entfremdung* est comparable à la « déculturation » désignant la perte progressive de la culture d'origine. Par ailleurs, l'appropriation de la culture d'accueil ou l'« acculturation » favorise le dépassement de la sensation d'étrangeté et l'adaptation au nouveau milieu, la familiarisation avec les codes du nouveau « chez-soi ». Ce passage identitaire, l'ultime intégration à un milieu autrefois étranger,

4 Voir à ce sujet la définition fournie par le polymathe français d'origine bulgare Tzvetan Todorov : « la transculturation, l'acquisition d'un nouveau code sans que l'ancien soit perdu pour autant. Je vis désormais dans un espace singulier, à la fois dehors et dedans : étranger "chez moi" (à Sofia), chez moi "à l'étranger" (à Paris). » Tzvetan Todorov, *L'Homme dépaysé*, Paris, Le Seuil, 1996, p. 23.

5 Milan Kundera, *L'Art du roman*, Paris, Gallimard, coll. « Folio », 1986, p. 149.

6 Milan Kundera, *Les Testaments trahis*, Paris, Gallimard, coll. « Folio », 1993, p. 115.

7 *Ibid.*

8 *Ibid.*

reflète les enjeux de l'exil existentiel comme franchissement de frontières géographiques, linguistiques et symboliques.

L'assimilation de l'étrangeté et la distanciation qui accompagne la prise de conscience de la nouvelle appartenance apparaissent comme un processus tant psychologique que cognitif. Ainsi, si dans le chapitre intitulé « Le chez-soi de Stravinski », Kundera propose une définition de l'émigration comme « un séjour forcé à l'étranger pour celui qui considère son pays natal comme sa seule patrie[9] », il insiste pourtant sur le cas d'une expatriation prolongée qui génère « une nouvelle fidélité[10] » au pays d'accueil. Kundera écrit à propos de Stravinski que finalement « il trouve sa seule patrie en musique » et souligne que « sa seule patrie, son seul chez-soi, c'était la musique[11] ». Le lecteur de l'œuvre de Kundera peut à son tour se demander si l'écrivain émigré, de son côté, aurait trouvé lui aussi son chez-soi symbolique dans la littérature ou plus particulièrement dans ce qu'il appelle « le grand contexte » ou « l'histoire supranationale » de l'art[12].

LA CONDITION EXILIQUE DES ARTISTES ET L'EXIL LIBÉRATEUR

Kundera revendique l'importance majeure de la littérature mondiale ou *die Weltliteratur* selon Goethe qu'il situe au-delà des contextes des littératures nationales. Par ailleurs, il met en valeur le rôle crucial de son émigration : « au milieu de ma vie, ma femme et moi avons émigré en France. Cet événement est le plus décisif de toute mon existence, il est la clé de ma vie comme de mon travail[13]. » L'auteur s'installe en France et adopte progressivement la langue française pour écrire d'abord ses essais et ensuite ses romans du cycle français.

Kundera développe la problématique de l'exil à la lumière de l'expérience de l'« exil libérateur » de la poétesse Vera Linhartova. Ce

9 *Ibid.*, p. 116-117.
10 *Ibid.*, p. 117.
11 *Ibid.*
12 Milan Kundera, *Le Rideau*, Paris, Gallimard, coll. « NRF », 2005, p. 49.
13 Kvetoslav Chvatik, *Le monde romanesque de Milan Kundera*, *op. cit.*, p. 249.

texte est paru d'abord en 1994 dans *Le Monde* et publié par la suite en 2009 comme premier chapitre de la partie intitulée « Ailleurs » de l'essai *Une rencontre*. Dans « L'exil libérateur selon Vera Linhartova » Kundera donne raison à l'écrivaine qui décrit un aspect moins souvent abordé du problème de l'exil comme source de liberté et voie « vers un ailleurs, inconnu par définition, ouvert à toutes les possibilités[14]. » Cette expérience, valorisant la teneur libératrice de l'exil, englobe également la transition linguistique. L'adoption de la langue du pays d'accueil apparaît comme un choix existentiel et esthétique, car, selon Linhartova, « l'écrivain n'est pas prisonnier d'une seule langue[15]. » Kundera s'interroge sur les choix de Vera Linhartova et sur son appartenance à une langue et à une culture déterminées. Il la situe dans l'espace transcendant les littératures nationales, cet « ailleurs » de la création esthétique supranationale qui découle paradoxalement de sa condition d'exilée :

> Quand Linhartova écrit en français, est-elle encore un écrivain tchèque ? Non. Devient-elle un écrivain français ? Non plus. Elle est ailleurs. Ailleurs comme jadis Chopin, ailleurs comme plus tard, chacun à leur manière, Nabokov, Beckett, Stravinski, Gombrowicz. Bien entendu, chacun vit son exil à sa façon inimitable et l'expérience de Linhartova est un cas limite[16].

Vera Linhartova a choisi la voie de l'émigration en France en 1968 à l'époque du régime communiste en Tchécoslovaquie et a commencé à publier ses œuvres en français. Sans s'identifier explicitement à cette auteure émigrée, Milan Kundera se concentre sur la notion d'« exil libérateur ». Il problématise cet aspect moins étudié de l'exil qui a trait à l'ouverture au-delà de la souffrance de la distance et en dépit de la force affective de la nostalgie. Kundera admet le bien-fondé de cette possibilité d'ouverture de l'expérience exilique et pose quelques questions rhétoriques sur le fait qu'après la fin du régime communiste la plupart des grands artistes émigrés ont choisi de rester dans leur nouvelle patrie : « Comment ? La fin du communisme ne les a pas incités à célébrer dans leur pays natal le Grand Retour[17] ? »

Kundera a été déchu de la nationalité tchécoslovaque en 1979. Il a été naturalisé français en 1981 par François Mitterrand. Après l'expression

14 Milan Kundera, *Une rencontre*, Paris, Gallimard, coll. « NRF », 2009, p. 123.

15 *Ibid.*, p. 124.

16 *Ibid.*, p. 125.

17 *Ibid.*, p. 123-124.

de ses remerciements, l'écrivain a révélé que « la France est devenue la patrie de mes livres. Alors, dans un certain sens, j'ai suivi le chemin de mes livres[18]. » L'exil de Kundera acquiert une signification existentielle et esthétique découlant de sa vocation d'homme de lettres. Sa condition d'écrivain exilé est assumée et il a la conscience d'une nouvelle appartenance au pays d'adoption lui permettant de poursuivre l'écriture de son œuvre de romancier et essayiste. Il a avoué dans l'émission « Apostrophes » en 1984 que sa situation d'exilé est paradoxale : « Le paradoxe de ma situation est que j'ai perdu ma première patrie, mais que je suis en France très, très heureux[19]. » Kundera a aussi évoqué le fait que pour son travail de romancier « c'est un enrichissement énorme[20]. »

Le 28 novembre 2019, à l'âge de 90 ans, Kundera a reçu le certificat officiel qui atteste de son statut de citoyen tchèque[21]. L'auteur, ayant désormais la double nationalité, ne s'est pas exprimé officiellement sur la question, restant fidèle à son attitude discrète à l'égard des médias. Il avait choisi le lieu de son exil existentiel à une période où l'émigration s'est imposée comme unique voie vers un ailleurs de liberté de l'expression artistique. Un passage du chapitre « Ailleurs » rappelle la période du Printemps de Prague et dépeint la situation difficile à laquelle étaient confrontés lui et son collègue et ami Josef Skvorecky, tous les deux futurs émigrés. Kundera précise à ce propos que le choix du pays d'émigration des Skvorecky semblait prédéterminé par la « passion de Josef pour la littérature américaine et pour le jazz[22] » et suggère l'idée d'une prédestination exilique : « Comme si, depuis sa prime jeunesse, chacun portait en soi l'endroit de son exil possible : moi, la France, eux, l'Amérique du Nord[23]... »

18 Jean-Dominique Brierre, *Milan Kundera, une vie d'écrivain*, Paris, Éditions Écriture, 2019, p. 176.

19 *Ibid.*, p. 177.

20 *Ibid.*

21 Ariane Chemin, « La République tchèque a rendu à Milan Kundera sa nationalité, quarante ans après », *Le Monde*, 03/12/2019.

22 Milan Kundera, *Une rencontre*, *op. cit.*, p. 141.

23 *Ibid.*

TAMINA ET SABINA
L'exil affectif et l'exil esthétique

Kundera avait écrit *La valse aux adieux* en pensant que ce serait son dernier roman[24]. En France il retrouve sa verve créatrice et retourne vers l'art romanesque avec *Le Livre du rire et de l'oubli*, écrit en 1978 et paru l'année suivante en français chez Gallimard. C'est après ce premier livre, écrit en tchèque, mais en France, qu'il se voit retirer la nationalité tchécoslovaque. Pour tenter de cerner les enjeux de l'exploration du thème de l'exil, nous allons opter pour l'étude de trois personnages féminins des romans *Le livre du rire et de l'oubli*, *L'insoutenable légèreté de l'être* et *L'Ignorance*. Tamina, Sabina et Irena seront analysées comme représentatives de différentes formes et étapes de l'exil existentiel et comme projections textuelles de certaines expériences exiliques qui ont intéressé l'auteur pour qui « le romancier n'est ni historien ni prophète : il est explorateur de l'existence[25]. »

Le thème de la frontière est exploré dans *Le livre du rire et de l'oubli* alors que le personnage de l'émigré(e)[26] se décline pour la première fois au féminin dans l'œuvre kundérienne dans la perspective de Tamina. Elle appartient à la lignée des personnages d'exilés qui traversent les romans de Kundera. François Ricard définit d'ailleurs la figure du « *banni*[27] » à laquelle il rattache la figure du « sans-patrie, de l'*exilé*[28] ». Il précise que ces personnages sont « proscrits de l'intérieur ou chassés de leur pays, [...] le plus souvent, des êtres seuls, séparés, sans appartenance[29]. » Tamina apparaît dans deux parties du roman : la quatrième « Les lettres perdues » et la sixième « Les anges ». Elle est décrite par l'auteur dès son apparition comme un personnage extraordinaire d'importance majeure :

24 Kvetoslav Chvatik, *Le monde romanesque de Milan Kundera*, *op. cit.*, p. 129.

25 Milan Kundera, *L'Art du roman*, *op. cit.*, p. 59.

26 Rappelons que Jakub, le dissident sur le point de quitter la Tchécoslovaquie, de *La valse aux adieux* incarnait déjà la possibilité de l'exil.

27 François Ricard cerne la figure du *banni* en tant qu'un « individu que ses gestes ou les circonstances ont privé de son statut et fait "tomber" hors de son destin » François Ricard, *Le dernier après-midi d'Agnès. Essai sur l'œuvre de Milan Kundera*, Paris, Gallimard, coll. « Arcades » (n° 74), 2003, p. 76.

28 *Ibid.*

29 *Ibid.*

« Cette fois-ci, pour montrer clairement que mon héroïne est mienne et n'appartient qu'à moi (je lui suis plus attaché qu'à nulle autre), je vais l'appeler d'un nom qu'aucune femme n'a encore jamais porté : Tamina[30]. » Ainsi, le romancier encode dans le prénom même de cette héroïne atypique le mot tchèque « *tam* » signifiant « là », un adverbe de lieu désignant la distance et l'éloignement en opposition avec « *tady* » (« ici »). D'ailleurs, l'expérience exilique de Tamina, est effectivement celle de l'éloignement géographique et affectif et de la distanciation existentielle et ontologique.

Émigrée dans une ville occidentale que le narrateur ne nomme pas, Tamina a quitté illégalement la Bohême natale avec son mari Pavel. Elle va pourtant vivre un double déracinement et après le décès de son mari elle constate amèrement que « nulle part elle n'était chez elle[31]. » Confrontée à son exil intérieur et à un renfermement progressif, elle aspire pourtant à préserver l'image de son mari de l'oubli en récupérant leur correspondance intime laissée en Bohême. Vécue au début comme libératrice, l'expérience exilique de Tamina a revêtu le caractère d'une double étrangeté. Son refus assumé de retourner au pays où son mari a été trahi, ainsi que sa condition exilique dans le pays d'accueil, se renforcent avec la prise de conscience de l'impossibilité de récupérer les lettres, dernier lien affectif tangible avec le mari disparu et le pays quitté. Ainsi connaît-elle l'« exiliance » définie par Alexis Nouss comme « le noyau existentiel, [...] à la fois condition et conscience[32]. » Son exiliance porte l'empreinte du deuil et de l'exil affectif qui interfère avec la double distanciation par rapport à la terre d'origine et à la terre d'accueil. Sa quête mnésique et identitaire fixée sur les lettres inaccessibles reflète l'élan vers le passé et l'impossible réconciliation avec le présent. Tamina sera figurée dans les deux chapitres comme étant là(-bas), évanescente et suicidaire, ailleurs ou au-delà, située dans un espace entre la réalité et le rêve, habitante d'un entre-deux du retour impossible et de la double non-appartenance. C'est une héroïne qui incarne l'aliénation et les manifestations de *die Entfremdung*, mais dont la transition vers l'acculturation et l'exil existentiel assumé s'avère impossible.

---

30 Milan Kundera, *Le livre du rire et de l'oubli*, trad. François Kérel, Paris, Gallimard, coll. « Folio », 1979, pour la traduction française, 1985, pour la traduction française revue par l'auteur, p. 135.

31 *Ibid.*, p. 142.

32 Alexis Nouss, *La condition de l'exilé. Penser les migrations contemporaines*, Paris, Maison des Sciences de l'Homme, coll. « Interventions », 2015, p. 26.

Achevé en 1982 à Paris et paru en 1984, le roman *L'insoutenable légèreté de l'être* prolonge la thématique de l'émigration en l'explorant dans les trajectoires exiliques de Tomas, Tereza et Sabina. Sabina est peintre, indépendante et libertine, rejetant le kitsch affectif, politique et esthétique. Cette artiste rebelle et infidèle est une émigrée qui vit ses déplacements successifs comme un refus d'appartenance et comme un élan nourri de trahisons : « Après le baccalauréat, elle partit pour Prague avec l'impression réconfortante de pouvoir enfin trahir son chez-soi[33]. » Le mot « trahison » représente pour Sabina son refus d'adhérer aux valeurs collectives et de se plier aux autorités restrictives. La pulsion à la trahison déclenche et nourrit son essence nomade et ses expériences exiliques libératrices : « Mais qu'est-ce que trahir ? Trahir, c'est sortir du rang. Trahir, c'est sortir du rang et partir dans l'inconnu[34]. »

Sabina vit sa condition d'exilée sans souffrir véritablement de ses expériences migratoires et rejette toutes les formes de l'attachement. Elle est parfaitement consciente de son exil à dominante esthétique qui alimente la dynamique de ses aventures exiliques et libertines. Sa condition d'artiste exilée devient un mode de vie assumé et elle paraît étrangère au sentiment de nostalgie même si elle ressent à un moment que « son drame n'était pas le drame de la pesanteur, mais de la légèreté[35]. » La bipolarité de son essence d'exilée assumant et revendiquant son indépendance et sa non-appartenance se traduit également sur le plan de sa vie amoureuse. Tomas, ami érotique et amant occasionnel, est un émigré temporaire à Zurich et représente le lien au pays d'origine. Franz, le professeur suisse, rencontré à Genève, incarne l'impossible compréhension entre l'artiste émigrée et l'intellectuel occidental, un thème développé dans la troisième partie intitulée « Les mots incompris ». Finalement, Sabina choisit la liberté de l'exil existentiel, perpétuel et sans attaches, elle continue sa trajectoire esthétique et cognitive sous le signe de la légèreté et de l'ouverture.

33 Milan Kundera, *L'insoutenable légèreté de l'être*, trad. François Kérel, Paris, Gallimard, coll. « Folio », 1987, p. 135.

34 *Ibid.*, p. 136.

35 *Ibid.*, p. 178.

L'EXILIANCE INVERSÉE D'IRENA
Visions traumatiques et dépaysement du retour

Quelque quinze ans après *L'insoutenable légèreté de l'être*, Kundera publie *L'Ignorance*. Dans ce bref roman se croisent les voies des émigrés Irena et Josef qui retournent à Prague, leur ville natale, après une absence prolongée, autant imposée que choisie. L'incipit met en scène Irena qui propose une interprétation non conventionnelle du « chez-soi », car l'émigrée ne perçoit plus sa ville natale comme son chez-soi. Ayant quitté Prague avec son mari Martin en 1969, Irena s'installe avec sa famille à Paris et traverse une période d'épreuves inhérentes à cette expérience des frontières au sens propre et figuré. Elle arrive à surmonter le dépaysement initial et à s'adapter à sa nouvelle situation en transformant progressivement Paris en son véritable chez-soi par une démarche réussie d'« introjection[36] ». Elle déclare même à Gustaf, son conjoint suédois : « Prague n'est plus ma ville » pour préciser ensuite que sa ville est Paris car « C'est là que je t'ai rencontré, que je vis avec toi[37]. »

Le glissement de la notion kundérienne d'étrangeté se fait dans la direction du pays d'origine en imprégnant la notion de « Grand Retour[38] » d'une douloureuse ironie. Même si Irena, similaire sur ce point à Tamina, perd son mari, elle réussit à faire son deuil et à vivre son exil existentiel comme une épreuve libératrice et initiatique. Le traumatisme de l'émigration suscite une angoisse du retour au pays natal et émerge dans le monde onirique des « rêves-cauchemars » du début de sa vie en exil : « Martin, son mari, faisait les mêmes rêves. Tous les matins ils se racontaient l'horreur de leur retour au pays natal. Puis, au cours d'une conversation avec une amie polonaise, elle aussi émigrée, Irena comprit que tous les émigrés faisaient ces rêves, tous, sans exception[39]. » Le narrateur réfléchit sur ce phénomène de l'inconscient collectif des

36 Voir à ce sujet Alexis Nouss qui défend l'idée que « À terme, et s'il est favorable, le parcours exilique aboutit à une introjection des éléments identitaires auparavant posés devant et dehors que le sujet exilé adapte pour façonner sa personnalité. » Alexis Nouss, *La condition de l'exilé*, *op. cit.*, p. 57.

37 Milan Kundera, *L'Ignorance*, Paris, Gallimard, coll. « NRF », 2003, p. 28.

38 *Ibid.*, p. 10.

39 *Ibid.*, p. 20.

émigrés souffrant des mêmes scénarios oniriques de poursuite et de désir de fuite et conclut : « Une chose était sûre : des milliers d'émigrés [...] rêvaient tous le même rêve. Le rêve d'émigration : l'un des phénomènes les plus étranges de la seconde moitié du XXe siècle[40]. » La transposition onirique des traumatismes, associés à la fuite des pays totalitaires et à l'émigration, fait l'objet d'une réflexion de Tzvetan Todorov qui décrit ce type de rêves :

> Mes rêves ne se lassaient pas d'inventer de nouvelles variantes à cette impossibilité de repartir, mais le résultat final était toujours le même : pour des raisons purement fortuites, le retour à Paris s'avérait impossible. Je devais désormais vivre à Sofia. L'angoisse, même en rêve, devenait alors telle que je me réveillais le cœur battant. [...] Ce n'avait été qu'un rêve ! Je pouvais me réveiller et retrouver ma vie, ma vraie vie. [...] J'ai appris depuis que ce rêve était commun à beaucoup d'émigrés, en tous les cas parmi ceux qui venaient d'Europe de l'Est[41].

Dans ce troisième opus du cycle romanesque écrit directement en français, le lecteur découvre l'expérience commune aux hommes et aux femmes dépaysé(e)s. Elle reflète la projection onirique du franchissement de frontières, l'angoisse de l'exil interdit et la peur du retour forcé dans le pays natal. Dans le cas de l'émigrée Irena, les visions cauchemardesques hantent son inconscient de pair avec leur contrepoint nostalgique : « des morceaux du paysage natal telles des images de bonheur[42]. » Ainsi à l'étape initiale de la condition exilique, la femme dépaysée n'a pas encore conscience de sa transition identitaire en cours et vit des tensions internes : « Le jour était illuminé par la beauté du pays abandonné, la nuit par l'horreur d'y retourner[43]. » Mais sa transition va gommer progressivement un des pôles de cette bipolarité qu'Alexis Nouss rattache à l'étymologie même de la notion d'exil : « Les deux étapes du parcours exilique sont [...] réunies au sein d'une même expérience : ex (le passé, le départ) et sal (le futur, l'arrivée), l'exil étant ce temps présent, constamment reconduit, liant les deux phases[44]. » Le passage de la frontière au-delà du passé et l'orientation axée sur l'avenir de la terre d'accueil se fait dans

40 *Ibid.*, p. 21.
41 Tzvetan Todorov, *L'Homme dépaysé*, *op. cit.*, p. 11-12.
42 Milan Kundera, *L'Ignorance*, *op. cit.*, p. 21.
43 *Ibid.*, p. 22.
44 Alexis Nouss, *La condition de l'exilé*, *op. cit.*, p. 44-45.

un esprit proche de l'idée d'« exil libérateur » de Vera Linhartova pour Irena qui prend conscience du fait que son émigration, bien qu'infligée de circonstances extérieures, a fini par s'avérer « à son insu, la meilleure issue de sa vie[45]. »

Le retour d'Irena à Prague en 1989 coïncide avec le déclin de la figure de l'Émigré sur laquelle médite le narrateur. Il précise que c'était aussi la fin des rêves d'émigration obsédant pendant de longues années les exilés. Le retour post-totalitaire d'Irena, absente pendant vingt ans, est marqué de la réalisation d'un de ses rêves d'émigration. Vêtue d'une robe à la mode tchèque, elle vit un choc en percevant dans son reflet dans un miroir les traits d'une étrangère, la femme qu'elle serait devenue si elle était restée dans ce pays. Le déguisement inopiné acquiert la valeur d'un révélateur existentiel de son dépaysement inversé, de la désorientation identitaire d'Irena. Elle refuse de se reconnaître dans ce rôle imposé dévoilant une vie au conditionnel passé qui n'a pas eu lieu : « celle qu'elle voyait n'était pas elle, c'était une autre ou, quand elle se regarda plus longuement dans sa nouvelle robe, c'était elle mais vivant une autre vie, la vie qu'elle aurait eue si elle était restée au pays[46]. » La comparaison de la robe à une camisole de force traduit le traumatisme récurrent d'Irena qui se manifeste dans cet épisode et ranime son angoisse de l'emprisonnement « dans une vie dont elle ne voulait pas[47]. » Le motif de l'horreur du retour réapparaît dans cette scène significative et évoque l'idée de piège émergeant dans ses rêves d'émigration.

Mais en contrepoint de cet épisode condensant en une image les symptômes du traumatisme de l'émigré(e) politique, ayant fui un monde de restrictions et de répressions, surgit un autre monde : celui du chez-soi perdu de l'enfance. Dans le chapitre 37, une échappée dans un « quartier de jardins parsemés de petites villas[48] » provoque un effet de réminiscence qui ressuscite dans sa mémoire la promenade d'adieux aux recoins secrets de cette ville qu'elle était sur le point de quitter vingt ans auparavant. L'ambiance paisible et idyllique des petites ruelles calmes la transporte dans « la Prague de son enfance[49]. » Pareille à la madeleine proustienne, l'immersion dans la beauté secrète de cette ville en deçà de

45 Milan Kundera, *L'Ignorance*, *op. cit.*, p. 27.
46 *Ibid.*, p. 34.
47 *Ibid.*, p. 35.
48 *Ibid.*, p. 124.
49 *Ibid.*, p. 125.

la Prague touristique lui fait vivre l'unique épisode de véritable retour. Car elle retrouve l'image mnésique de la beauté du chez-soi comme lieu familier empreint d'affection et de souvenirs.

À la différence de l'exiliance affective de Tamina, doublement étrangère, et se rapprochant de l'expérience assumée et émancipatrice de l'exil esthétique de Sabina, Irena est confrontée à la prise de conscience de l'exil inversé car elle éprouve une sensation de dépaysement dans son pays d'origine. Comme Sabina, elle voit la bipolarité de sa condition d'exilée transposée dans la vie amoureuse. Mariée au Suédois Gustaf, elle est attirée par Josef, un autre Praguois émigré, de retour dans sa ville natale. La symétrie des trajectoires des deux émigrés qui ont perdu leur conjoint semble significative : leurs chemins convergent dans un espace de passage symbolique comme l'aéroport. Tous les deux recherchent les traces de leur identité tchèque en empruntant les voies mnésiques d'un passé dépassé. Mais le hasard des retrouvailles d'Irena avec l'homme qui l'avait courtisée avant son départ s'avère être une manifestation de l'ironie du sort. Josef est séduit par la belle femme qu'il sent proche au point de partager avec elle une nuit d'amour. Mais il ne se souvient point de leur passé commun. Irena est tombée dans le piège de l'aventure romantique, des retrouvailles factices avec un passé dont elle est l'unique dépositaire. Josef quitte Irena au matin pour prendre l'avion pour le Danemark. En traversant le hall de l'hôtel, il laisse derrière lui la belle inconnue et prend de nouveau conscience de la distance intériorisée par rapport à son ancienne patrie dont même la langue lui est devenue étrangère.

CONCLUSION

La méditation essayistique et l'interrogation romanesque sur le thème de l'exil et de l'émigration et sur le motif de la frontière traversent l'œuvre de Milan Kundera. Son art du roman explore continuellement les questions qu'il développe également dans ses essais : le « chez-soi » et l'« ailleurs », la nostalgie et l'exil libérateur, la mémoire et l'oubli, la douleur de l'éloignement et la douceur de la nouvelle fidélité au pays d'accueil. Ainsi, il relativise la notion de dépaysement et la dépasse pour plaider pour la primauté de la littérature et l'importance primordiale de la liberté d'expression pour la création esthétique. Cette conscience « translinguistique », selon la formule de François Ricard, est aussi une lucidité sur l'universalité de l'art du roman. Une revendication supranationale de la sagesse de l'art romanesque au-delà des frontières et des limites, traduisant aussi le désir de dépassement des contextes locaux par l'écrivain qui affirme dans son essai *Le Rideau* : « Dans les années soixante-dix, j'ai quitté mon pays pour la France où, étonné, j'ai découvert que j'étais "un exilé de l'Europe de l'Est"[50]. » Or, le chez-soi de Kundera n'est sans doute pas un espace circonscrit et littéral, mais cet ailleurs esthétique qui transcende les langues, adoucit les expériences exiliques et permet de remettre en question des étiquettes comme celle apposée à l'auteur considéré parfois comme venant d'un « *far away country of which we know little*[51] ».

Antoaneta Robova
Sofia University
« St. Kliment Ohridski »

---

50 Milan Kundera, *Le Rideau*, *op. cit.*, p. 58.
51 *Ibid.*

LA DIMENSION IDENTITAIRE DANS L'ŒUVRE DE KADARÉ

> Qu'est-ce qu'un individu ? Où réside son identité ?
> Tous les romans cherchent une réponse à cette question.
> En effet, par quoi un moi se définit-il ?
> Milan KUNDERA

Ismaïl Kadaré (1936-2024) a inscrit dans ses œuvres des thèmes qui relèvent de la cause albanaise : la question du nationalisme, l'origine des principales ballades balkaniques comme celle de l'emmurée ou de Constantin, celui de l'ancienneté de la langue albanaise, celui de la *bessa* (parole donnée) ou bien de la valeur de l'homme en général.

Lorsque, au début des années 1980, avant la chute du rideau de fer, les romans de Kadaré commencèrent d'être traduits et connus en France, puis en Europe et ailleurs, ils fascinaient. Ce qui caractérise l'écriture de Kadaré, c'est qu'il ne cherche pas le centre, la pleine lumière, mais explore les zones d'ombre et de brouillard. Son choix est d'être en permanence à la frontière et l'œuvre mime une situation qui est celle-là même qu'elle attribue à l'Albanie. Le moine Gjon du *Pont aux trois arches* voit son pays comme une terre de confins :

> Depuis toujours nous confinions à l'antique terre des Grecs, et voilà que tout à coup, sans nous en rendre compte, furtivement, comme dans un cauchemar, nous nous sommes trouvés un matin côtoyer l'empire des Ottomans[1].

---

1 Ismaïl Kadaré, *Le Pont aux trois arches*, Paris, Fayard, coll. « Folio », 1981, traduit de l'albanais par Jusuf Vrioni, p. 50.

Ni grecque ni ottomane, l'Albanie kadaréenne côtoie ses imposants voisins, confine avec eux : elle partage leurs frontières, mais, par ce fait même, reste au-delà. Elle partage mais n'intègre pas. L'expérience de la frontière est aussi intérieure : l'Albanie est partagée entre plusieurs religions ; l'enfance du poète c'étaient « les cloches le matin, le muezzin au crépuscule[2] ».

L'un de ses deux grands-pères parle le turc et lit les caractères arabes, l'autre non. La maison familiale elle-même est partagée en deux moitiés. Puis, pour une tout autre raison, celle des soupçons justement qui pèsent sur lui, et qui font de lui un être double, à la fois écrivain officiel et écrivain suspect, à la fois autorisé et menacé, c'est la vie même de l'auteur qui lui apparaît comme hybride, et il la construit comme telle dans sa mythologie personnelle :

> Mi autorisée, mi interdite. Liberté et servitude mêlées. Vie et mort jetées ensemble dans le même vase. Mélange de soleil et de ténèbres. Centaure d'un genre nouveau, j'errerais désormais de la sorte, éveillant partout inquiétude et exaspération, colère et admiration, interrogations sans fin[3].

Passée de l'ancrage géographique à l'expérience biographique, l'expérience de la dualité comme expérience des confins gagne la définition de la position éthique de l'écrivain. Dans ses *Entretiens avec Éric Faye*, en 1991, Kadaré affirmait que la vision des écrivains balkaniques sur l'Empire ottoman est probablement la plus juste qui soit, parce qu'ils sont à la fois au dehors et en dedans de ce monde[4].

C'est bien cette position « à la lisière », « aux confins », qui est aussi celle de Kadaré, et c'est à cause d'elle sans doute que sa vision des choses est à ses propres yeux « la plus juste qui soit », parce qu'elle est intérieure, donc documentée, et extérieure, donc impartiale ; mais elle est aussi inévitablement, à d'autres yeux que les siens, passible de deux accusations : à la fois celle d'être trop proche de ce qu'elle décrit, et celle d'être trop étrangère.

Il faut explorer avec lui la passion de l'écriture qui est la sienne, depuis les deux moments de sa vie d'écrivain qu'il a pris soin de raconter. Celui

---

2 Ismaïl Kadaré, « L'Enfance », poème traduit par Michel Métais, in Michel Métais, *Ismaïl Kadaré et la nouvelle poésie albanaise*, Paris, P. J. Oswald, 1973, p. 20.

3 Ismaïl Kadaré, *Invitation à l'atelier de l'écrivain* suivi de *Le Poids de la Croix*, Paris, Fayard, 1991, p. 397.

4 Ismaïl Kadaré, *Entretiens avec Éric Faye*, Paris, J. Corti, 1991, p. 26.

où, émerveillé par la lecture de *Macbeth*, le premier livre qui pénétra dans la maison familiale[5], il entreprit de le recopier entièrement. Et celui où, scandalisé par *Hamlet*, il décide qu'il doit non pas le recopier, mais le réécrire, le reprendre :

> La première impulsion, celle de jeter le livre pour ne plus le reprendre, fit place à la compassion, laquelle m'insuffla une nouvelle idée : pourquoi ne pas redresser moi-même ce qui allait de travers ? Jusque-là, je ne faisais guère de différence entre l'auteur qui avait écrit le livre et moi, qui l'avais recopié à la main. J'étais convaincu qu'après cela le livre m'appartenait au moins autant qu'à lui. Je me souviens du jour d'hiver ensoleillé où j'ai pris le livre sur l'étagère, cette fois non pas pour le recopier, mais dans une tout autre idée. Que les autres gardent leur *Hamlet* si ça leur chante, moi j'aurai le mien[6] !

Kadaré a découvert très jeune Shakespeare et, comme lui, il dévoile au lecteur des mystères de la vie du monde albanais. Il a endossé le rôle d'écrivain national qui s'avère un chemin de croix, comme il l'explique dans *Le Poids de la Croix* :

> Dans les années 1959-1961, de plus en plus souvent apparaissait dans mes écrits la figure de la Croix. [...] À l'évidence cette omniprésence de la Croix attestait qu'elle faisait corps avec moi. À mesure que je me liais davantage à la littérature, je sentais de plus en plus profondément que cette Croix ne me lâcherait pas. Tout comme nombre d'écrivains de cette région du monde, je devrais la porter sur mon dos, tout en la sentant s'alourdir, de jour en jour s'alourdir fatalement en même temps qu'accroîtrait ma renommée. Et moi-même la traînant appesantie par la boue, je cheminerais ployant sous son poids, à travers la pluie battante et la dictature[7].

L'œuvre de Kadaré est dominée par l'ombre, les ombres des morts, les morts chevauchant à côté des vivants, des montagnes rudes et pleines de mystères. Il a fait de son œuvre un antre porteur de rêve et de réalité où réside la puissance de la voix profonde de l'auteur. Pendant la dictature du pays, Kadaré est confronté à la censure, à la survie littéraire et il a même fait face à des menaces de mort. Il n'a pas hésité à exprimer ses idées et à décrire la tyrannie de l'Orient dans les romans *Les Tambours*

---

5 Ismaïl Kadaré, *Chronique de la ville de pierre*, Gallimard, coll. « Folio », 1982, p. 76-77 et *Hamlet, le prince impossible*, trad. A. Kotro, Paris, Fayard, 2007, p. 134.

6 *Ibid.*, p. 135.

7 Ismaïl Kadaré, *Invitation à l'atelier de l'écrivain*, *op. cit.*, p. 281.

de la pluie (1971)[8], *Le Pont aux trois arches* (1978)[9], *La Niche de la honte* (1978)[10] et *Le Palais des Rêves* (1981)[11].

Face aux menaces à l'intérieur de son pays, Kadaré, soupçonné de révisionnisme et d'intelligence avec le monde capitaliste étranger, a surmonté toutes ces difficultés, d'abord en cherchant à se faire publier par les maisons d'édition les plus connues et ensuite, en captivant l'attention du lecteur étranger pour parvenir à se hisser au plus haut rang des écrivains. Très vite, Kadaré est lu et apprécié hors des frontières de l'Albanie, dans toute l'Europe et notamment en France.

Après la chute du communisme, au début des années 1990, Kadaré s'installe à Paris. Le Café Rostand, situé au coin du boulevard Saint Germain, en face du Luxembourg devient un Paris unique pour Kadaré. C'est l'endroit où il aime travailler et faire des rencontres. Cet endroit devient également le titre de son œuvre inédite *Les Matinées au café Rostand*. Dans cet essai, Kadaré décrit avec nostalgie le partage de son temps entre Paris et Tirana, sa liaison avec Paris longue de « quatre décennies ». Ses « deux Paris… le communiste et le postcommuniste » et un troisième Paris qu'il appelle : « celui de [ses] lettres[12] ».

Avant tout, Ismail Kadaré traite des moments importants faisant référence à son lieu de naissance, Gjirokastra, le grincement des poutres de la grande maison des Kadaré raisonnant toujours dans ses oreilles. Il évoque ses difficultés d'écrire sous la censure communiste, « une dictature qui, en plus d'être la plus cruelle de toutes, était également la plus mesquine ». La dictature régnait partout et était présente, même dans les cafés, lieu de réflexion pour Kadaré et « lieu fréquenté alors par les intellectuels ». Et c'est en dégustant l'arôme du café au Café Rostand que Kadaré décrit l'atmosphère des cafés de Tirana :

> Après la chute du communisme, le rapport des habitants de la capitale avec les cafés avait profondément changé. Non seulement leur nombre avait explosé, mais c'était là désormais qu'on réglait des affaires, se toisait, se disputait, et,

---

8 Ismaïl Kadaré, *Les Tambours de la pluie*, traduit de l'albanais par Jusuf Vrioni, Paris, Fayard, 1985.

9 Ismaïl Kadaré, *Le Pont aux trois arches*, traduit de l'albanais par Jusuf Vrioni, Paris, Fayard, 1981.

10 Ismaïl Kadaré, *La Niche de la honte*, traduit de l'albanais par Jusuf Vrioni, Paris, Fayard, 1984.

11 Ismaïl Kadaré, *Le Palais des Rêves*, traduit de l'albanais par Jusuf Vrioni, Paris, Fayard, 1990.

12 Ismaïl Kadaré, *Les Matinées au café Rostand*, traduit de l'albanais par Artan Kotro et Tedi Papavrami, Paris, Fayard, 2017, p. 15.

> à en croire la presse de l'époque, que les tueries les plus spectaculaires avaient lieu. Dans ce contexte, écrire au café, avant même de paraître incongru, était surtout devenu banal[13].

Kadaré a su s'inspirer des normes du *Kanun* pour les présenter comme valeurs littéraires sans toucher à la réalité amère face à laquelle se trouve l'homme lorsqu'il tombe dans le labyrinthe de la vendetta. Il a constamment affirmé l'appartenance des Albanais à l'Europe, au vieux continent, se référant aux tragédiens grecs (Eschyle ou l'éternel perdant), faisant appel au *Kanun* dans *Avril brisé*[14], pour souligner que le patrimoine des Albanais a ses racines profondes.

Kadaré dans *Avril brisé* nous donne un tableau assez fidèle des mœurs de la vengeance dont est victime son personnage dans une société que régissent encore les lois du *Kanun*. Gjorg se perçoit sous le joug de sa famille qui détermine son identité. Il « était le dernier mâle de la famille après son père[15] ». L'identification de Gjorg se fait en fonction de son statut de vengeur :

> Il eut l'impression que son nom était sorti de son corps, de sa poitrine et de sa peau, pour se répandre cruellement au-dehors. C'était la première fois qu'il éprouvait une pareille sensation. Gjorg des Berisha. Il répéta en lui-même le cri du héraut impitoyable. Il avait vingt-six ans et pour la première fois son nom pénétrait dans les fondements de la vie[16].

Gjorg n'est d'abord qu'une identité vaporeuse, issue d'une génération en vendetta, il est sans repères. Il finit par se saisir uniquement dans le cercle de la vengeance et de ses lois. Les lois du *Kanun* déterminent son identité et l'empêchent de se ressaisir de lui-même. Pour Gjorg, tout est trouble ; mais c'est un trouble rhétorique. Il doit venger son frère pour accomplir ce qu'il considère comme un devoir. L'essentiel, peut-être, n'est pas de supprimer la honte qui plane sur la famille Berisha, mais de fournir la preuve de sa virilité et de son honneur :

> Deux doigts d'honneur sur le front… [et] il touchait son front de la main comme pour y trouver l'endroit exact où pouvait se trouver l'honneur…

13 *Ibidem.*
14 Ismaïl Kadaré, *Avril brisé*, traduit de l'albanais par Jusuf Vrioni, Paris, Fayard, 1981.
15 *Ibid.*, p. 53.
16 *Ibid.*, p. 12-13.

> L'honneur a son siège au milieu du front parce que c'est l'endroit où la balle doit atteindre la tête de l'autre[17].

La métonymie fréquente du « front », représente l'image par excellence de cet univers de l'honneur. Pour Kadaré, le front a aussi pour rôle de signifier la fierté. La quête de Gjorg, dans laquelle se croisent la mort inévitable et la vie incarnée, est confrontée à la dure réalité qui sombre dans l'inconscience et la perte de son identité. Il est confronté à la destinée face à laquelle il n'a pas le choix, étant donné qu'elle est régie par le *Kanun*. Par moment son esprit s'égare, cherche à happer des fragments d'histoires pour les coller à sa propre vie, ou, au contraire, à joindre des morceaux de sa vie aux récits des autres, mais ce collage ne se fait pas toujours facilement[18].

Et c'est parce que la mort existe en lui et qu'il la vit à chaque instant, dans ses moindres détails, que Gjorg doit respecter le *Kanun* « plus puissant qu'il ne semblait[19] » : tuer l'ennemi pour pouvoir laver la chemise, ensanglantée, restée sur la terre comme un message du mort. Ce « sang figé » sur la chemise montre clairement l'importance de la vengeance, il reste le symbole de la frontière infranchissable entre le monde des vivants et le monde des morts.

Gjorg quant à lui prend conscience de lui-même en acceptant les règles du *Kanun*. Kadaré nous donne un tableau assez fidèle des mœurs de la vengeance dont est victime l'individu dans une société où régissent encore les lois du *Kanun*. Le *Kanun*, en quelque sorte, a pour objectif de ramener l'ordre et la paix de la conscience même du vengeur. La seule vengeance satisfaisante, devant le sang versé, consiste à verser le sang du criminel. Kadaré dépeint une vendetta implacable de vingt-deux tombes de part et d'autre, en tout, quarante-quatre, soixante-dix ans de haine et de vengeance transversale qui continue tant que le *Kanun* existe. Il joue un rôle considérable dans l'œuvre de Kadaré et il est « le seul événement important de la vie des montagnards auquel soient invités les enfants [pour] en conserver le plus longtemps possible la mémoire[20]. »

---

17 *Ibid.*, p. 52.
18 *Ibid.*, p. 180-181.
19 *Ibid.*, p. 29.
20 *Ibid.*, p. 101.

Le personnage de Gjorg renvoie à trois étapes de la conscience de soi : il n'est d'abord qu'une identité vaporeuse, issue d'une génération en vendetta, il est sans repères ; il se perçoit ensuite sous le joug de sa famille qui détermine son identité. Les lois du *Kanun* détruisent son identité et l'empêchent de se ressaisir de lui-même ; il finit par se saisir uniquement dans le cercle de la vengeance et ses lois. Alors il obtient le statut de vengeur et celui de meurtrier par la suite.

Dans son nouveau rôle, Gjorg, meurtrier, doit s'adapter à sa nouvelle existence. Il se voit dès lors comparé à Hamlet, et porte le sceau mortuaire autour du bras, sous la forme d'un ruban noir qui le désigne aux yeux de la communauté tant comme meurtrier que comme future victime. Toute reprise de sang était soumise à un rituel précis : précédé d'une annonce et d'une trêve de 24 heures, le meurtrier devait participer aux obsèques et au repas funèbre en l'honneur de la victime. La vendetta (*gjakmarrja*) pouvait être différée pour une nouvelle trêve de 30 jours, laissant aux amis le temps d'entamer les négociations avec la famille de la victime.

Après que Gjorg s'est vengé, la famille des Kryeqyqe accorde la *bessa* « cette force sublime, capable de forcer les lois de la mort[21] ». Cette petite trêve de vingt-quatre heures est accordée à Gjorg et à sa famille, rien que pour assister aux cérémonies mortuaires. L'enterrement, le repas mortuaire, la trêve de vingt-quatre heures se passent selon la coutume, comme le meurtre lui-même qui s'est déroulé conformément aux usages du pays. Gjorg ne pouvait pas violer cette coutume séculaire. Il s'était comporté dignement au cours de l'enterrement de son ennemi comme durant le repas mortuaire. En pensant à son propre repas funèbre, « il avait le sentiment que désormais toute la vie des générations successives de leurs deux familles ne serait qu'un repas mortuaire sans fin, offert tour à tour pour chacune d'entre elles[22] ». Quelques heures après le repas funèbre des Kryeqyqe, la petite trêve expire pour Gjorg. Il devient le symbole agissant de la victime au destin inaccompli aussi longtemps qu'il ne sera pas vengé. C'est l'homme face au destin, aux circonstances de la vengeance, mais aussi de sa vie. Et juste avant l'expiration de la petite *bessa*, Gjorg bénéficie, selon les règles du *Kanun*, de la grande *bessa*,

---

21 Ismaïl Kadaré, *Qui a ramené Doruntine ?*, traduit de l'albanais par Alexandre Zotos, Paris, Fayard, 1986, p. 149.

22 Ismaïl Kadaré, *Avril brisé*, *op. cit.*, p. 19.

d'une trêve de trente jours. L'accord est conclu le dix-sept mars, donc pour Gjorg une vie libre de trente jours, toujours sous la *bessa*, trente jours sans danger, moitié mars « mi-souriant », « mi-glacé », et moitié avril, « avrilmort », « avril inachevé ».

Le destin de Gjorg est gravé au fond des pierres de la *Kulla* d'Orosh. Son sentiment d'honnêteté n'est qu'un débat intérieur qui ne peut échapper aux lois du *Kanun*. C'est là que Gjorg va payer le tribut du sang pour pouvoir dignement attendre la mort. Cette *Kulla*, nourrie du sang des meurtres, est l'équivalent des Érinyes d'Eschyle. Elle est une gardienne mystérieuse du *Kanun*, formant ensemble une loi intouchable. Gjorg est un meurtrier, mais c'est le *Kanun* qui l'a acculé à la mort. Le *Kanun*, tout comme les Érinyes, impose aux hommes de commettre des actes coupables et les châtie pour les avoir commis, même s'ils font tout pour les éviter. Ainsi, les hommes sont soumis aux lois du *Kanun*, et le coupable ne peut échapper au châtiment qui l'attend. Plus encore, ce *Kanun* qui encourage la vendetta au nom de l'honneur, ne cesse de guetter le moindre geste du vengeur. « Ainsi, d'heure en heure et de jour en jour, son esprit rompait avec la réalité des choses et son voyage ressemblait toujours plus à une errance dans le rêve[23]. »

Le sort de Gjorg est marqué par le « ruban noir » qui l'attendait, peut-être depuis sa naissance. C'est ce ruban noir sur la manche, indiquant qu'il demandait la mort ou était réclamé par elle, qui va suivre Gjorg nuit et jour. Il porte sur lui, le signe de la mort comme tous les hommes en vendetta qui « errent sur les routes avec ce ruban noir sur la manche comme des fantômes dans le brouillard[24] ».

Il doit apprendre à chasser l'angoisse de la vie, qui ne pouvait être qu'éphémère, dans cette « zone où les règles de la mort passent avant celle de la vie[25] ». Pour Gjorg, le passage de la vie à la mort, de l'inconscience à la conscience, est décrit avec une cruelle réalité : « Nous sommes entrés dans le royaume de la mort comme Ulysse, à cette différence près qu'Ulysse dut descendre pour l'atteindre, alors que nous nous devons monter[26] ».

23 *Ibid.*, p. 183.
24 *Ibid.*, p. 79.
25 *Ibid.*, p. 78.
26 *Ibid.*, p. 79.

Gjorg, entré dans le monde des morts, c'est « le seul homme parmi tous qui sait qu'il va mourir. Sans doute seul son cœur frissonne, et que la mort de Zef des Kryeqyqe est la sienne déjà, et son enterrement déjà le sien[27] ». Il affronte son destin sans frémir, puisque tout meurt, qu'importe ! Et, c'est parce qu'il est un être vivant qu'il entend les pas martelés de la mort qui s'approche. Pour Gjorg tout est décidé d'avance, l'heure de sa mort est devenue un moment attendu. Il trouve sa mort à la tombée de la nuit pour que la vengeance puisse recommencer dès le lendemain. En fait, tous les personnages de Kadaré sont pris dans un cycle de vengeance et on peut dire que son roman n'a ni commencement ni fin. *Avril brisé* commence avec un meurtre et finit par un meurtre. Or, c'est la mort qui domine tout au long de l'œuvre : « En fin de compte, la dimension de la mort conférait quelque chose d'éternel à la vie de ces hommes[28] ».

C'est parce que Gjorg encore vivant suit sa quête vers la mort, que Diane, en voyage de noces, cherche « le montagnard pâle », « l'ombre du vivant ». Alors, attirée par le désir et le manque de sources de vies, Diane descend dans le royaume d'Hadès :

> C'était comme les portes de l'enfer. Et subitement, avec une intensité insoutenable, la vision de l'homme qui était passé dans cet enfer lui revint à l'esprit. Gjorg appela-t-elle en elle-même en remuant ses rêves glacés. Il errait par ces chemins inaccessibles, avec des messages de mort dans les mains, sur les manches, dans les ailes. Ce devait être un demi-dieu pour tenir tête à ces ténèbres et à ce chaos de la création[29].

La quête identitaire de Gjorg dans le monde des vivants est poursuivie par le spectre de son frère dont le sang sur la chemise jaunie lui remémore le devoir de la vengeance, la volonté du père, et celle de la société pour l'équilibre humain. Cette quête représente le voyage à la « Kulla d'Orosh » pour payer « l'impôt du sang », ce sont les trente jours de répit qui s'inscrivent et réclament le passage de la vie à la mort, de l'inconscience à la conscience, de la vérité dans notre monde où règne une cruelle réalité.

27 Valbona Gashi, *Perspectives comparatistes à partir de l'œuvre de Sami Frashëri (traduction de l'albanais au français et étude du thème de la vendetta et de la bessa par rapport à d'autres écrivains européens)*, Lille, ANRT, 2000.

28 Ismaïl Kadaré, *Avril brisé*, *op. cit.*, p. 81.

29 *Ibid.*, p. 143.

Rarement un génie comme Kadaré laisse délicatement esquisser l'empreinte de la tyrannie dans l'âme frissonnante qui tourmente auteur et héros.

Valbona Gashi Berisha
Université de Pristina, Kosovo

LES DEUX AUTEURES ALBANAISES BESSA MYFTIU ET ORNELA VORPSI

« Se confesser » ou « cracher son venin » en français

Il faut que la chaleur du cœur se réunisse
à la lumière de l'esprit.
BUFFON

Les conflits en ex-Yougoslavie et la chute de la dictature en Albanie ont poussé des milliers de gens à fuir les zones de guerre et la pauvreté pour s'installer en Europe occidentale, où ils ont décidé de vivre et surtout d'écrire, pour certains d'entre eux, dans la langue de leur pays d'accueil, dans le pays et dans la langue qui leur ont offert l'hospitalité pour s'installer et pour créer. Font partie de cette « immigration littéraire » le Kosovar Pajtim Statovci[1] qui écrit en finnois, le Bosniaque Saša Staniši[2] en allemand, l'Albanais Gëzim Hajdari[3] en italien, venant rejoindre d'autres écrivains qui appartiennent à la littérature de la migration ou littérature migrante.

Écrire pour « se confesser » ou pour « cracher son venin », les écrivains, dans toute l'histoire de la littérature, l'ont fait. Mais le faire dans une langue qui n'est pas la sienne, qu'on fait sienne suite à l'émigration, sous-entend une distance géographique et émotionnelle, parfois douloureuse avec son pays d'origine mais aussi avec sa langue maternelle. Distance qu'on prend intentionnellement ou inconsciemment. D'où, parfois, la décision de choisir une autre langue pour écrire, pour raconter une histoire vraie ou fictive,

1 Pajtim Statovci, *Mon Chat Yougoslavia*, trad. du finnois par Claire Saint-Germain, Paris, Denoël, 2016.

2 Saša Stanišić, *Le Soldat et le Gramophone*, trad. de l'allemand par Françoise Toraille, Paris, Stock, 2010.

3 Gëzim Hajdari, *Stigmate*, Nardò, Besa, 2002.

souvent reliée au passé de l'écrivain, à sa vie dans « son pays », de faire de la langue étrangère sa patrie linguistique et littéraire. Reconnus mais étrangers dans le pays d'accueil, méconnus et parfois inconnus dans leur pays d'origine qui ne les reconnait pas comme « les enfants du pays », la littérature devient alors leur pays, leur maison, et par elle, ils parlent de leur passé, du présent de leur pays auquel ils n'appartiennent plus, leur thème de prédilection est principalement en lien avec ce passé, qui n'est pas présenté, on pourrait se tromper, nécessairement sur un ton nostalgique.

Gëzim Hajdari exprime dans ces trois vers l'expérience de l'exil qui l'a dépossédé de sa patrie terrestre et lui a laissé seul son corps comme territoire :

> *il mio corpo / nato in un paese povero / è un verso cieco / senza memoria*
>
> « Mon corps / né dans un pays pauvre / est un vers aveugle / sans mémoire[4] »

DEUX AUTEURES ALBANAISES QUI ÉCRIVENT EN FRANÇAIS

J'ai intitulé cette contribution « se confesser », d'après le titre du roman de Bessa Myftiu, *Confessions des lieux disparus*, et « cracher son venin » d'après un roman en français d'Ornela Vorpsi, *Vert venin.* Leurs œuvres sont plus que des récits de vie, elles expriment un besoin de dire des choses cachées, secrètes, qui n'appartiennent qu'à elles, qu'elles ont vécues, bien ou mal, et qui par conséquent peuvent avoir un goût amer, être plus du venin que du miel. Elles choisissent alors de le dire, de l'écrire dans une langue étrangère. Mais il s'agit aussi pour elles de pouvoir dire les choses que leur éducation avec ses tabous, la pudeur, la culture du respect des aînés ne permettraient pas de dire en albanais ou mettraient mal à l'aise quand il s'agirait de parler de l'extase, de la jouissance, de l'homme ou des vêtements intimes (le soutien-gorge, le slip), qu'on retrouve, par exemple, dans le chapitre « À la plage », comme dans cet extrait : « pour l'informer que je n'y avais pas vu encore un corps plus beau que le sien[5]. »

4 Gëzim Hajdari, *Ombre di cane / Hije qeni*, Cleto, Dismisuratesti, 1993.
5 Bessa Myftiu, *Confessions des lieux disparus*, Nice, Les éditions Ovadia, 2010, p. 240.

Ces deux écrivaines, Bessa Myftiu et Ornela Vorpsi, nées en Albanie et l'ayant quittée, adultes, après la chute de la dictature, ont choisi comme langue d'écriture le français pour la première, et l'italien, puis le français pour la seconde. Bessa Myftiu nous parle, souvent avec humour, dans *Confessions des lieux disparus* de moments tragiques, de détresse mais aussi de joie, de la vie d'une adolescente à Tirana. Ornela Vorpsi, après quelques années passées en Italie, s'installe à Paris et commence à écrire en français. *L'été d'Olta*[6] parle de l'amour d'une fille pour sa mère dans l'Albanie d'Enver Hoxha à travers le personnage d'Olta, alter-ego d'Ornela.

> Près de la boutique celle du grand chêne,
> Ô maître Murat.
> Il se trouve une mère ô combien plus belle que sa fille,
> Ô maître Murat[7].

Est-ce que le français a permis à ces écrivaines de raconter leur vie plus aisément, de « dévoiler les tabous », d'alléger les rancunes, de mieux connaitre leur pays d'origine, et ainsi de l'accepter plus facilement, malgré les blessures qu'il a pu leur infliger ? La langue de l'autre leur a-t-elle permis aussi de mieux se connaitre ? Comment ces auteures ont-elles fait pour « s'ouvrir à l'autre sans se perdre soi-même », selon les mots d'Édouard Glissant ? La langue française est-elle ce moyen d'ouverture à l'autre ? Et parler de ses origines dans cette langue est-ce un moyen de ne pas se perdre soi-même ?

Nous trouvons dans les pages et les lignes de leurs œuvres des traces de cette vie d'avant, avant le départ, choisi ou forcé, de chez elles, de leur ville, où elles ont, par-delà leur famille, des souvenirs, matériels, immatériels, linguistiques. « Chez nous, on croit aux malédictions d'amour[8] », « Il serait inconcevable que Dieu parle albanais[9] », tant de références à la culture d'origine, aux traditions, aux croyances. L'auteure rappelle que sa culture, si différente, néanmoins n'était pas une culture fermée, elle glisse dans un dialogue, le nom de grands poètes européens[10].

---

6 Ornela Vorpsi, *L'été d'Olta*, Paris, Gallimard, 2018.
7 *Ibid.*, p. 175.
8 Bessa Myftiu, *Confessions des lieux disparus*, *op. cit.*, p. 19.
9 *Ibid.*, p. 20.
10 *Ibid.*, p. 123.

– De qui sont les vers que j'ai cités ?
– De Pouchkine
– Non
– D'Alfred de Musset. [...]

ORNELA VORPSI, D'UNE LANGUE À L'AUTRE POUR PRENDRE DE LA DISTANCE

Comme sa compatriote Bessa Myftiu, Ornela Vorpsi se lance un défi, celui d'écrire dans une langue étrangère en montrant une qualité d'écriture, une connaissance de la syntaxe, du vocabulaire mais surtout de la manière de penser qu'exprime cette langue, le français, et, par elle, transmettre tout un monde, celui des Balkans, et ses feux, le monde albanais. Mission que toutes deux ne pourront accomplir qu'en s'aidant de leur langue et ses tournures, des expressions et chansons populaires de leur peuple, de leurs modes de pensée, d'images et de portraits haut en couleur, de références très personnelles.

Le cas de l'écrivaine Ornela Vorpsi est intéressant puisqu'installée en Italie après avoir quitté l'Albanie à la fin de la dictature, elle décidera d'écrire en italien. Dans son roman *Le pays où l'on ne meurt jamais*, elle parle, en italien, à travers son histoire familiale, dans une forme quasi autobiographique, de l'Albanie d'Enver Hoxha, vue et vécue par un enfant. Les langues qui s'interpénètrent comme les épisodes de son histoire, dans un jeu intertextuel. Elle reprendra cette histoire et les mêmes personnages dans son roman écrit en français cette fois, *L'été d'Olta*. Même histoire, racontée en deux langues différentes, aucune n'étant sa langue maternelle. À chacune de ses escales, Vorpsi semble vêtir une nouvelle peau, et en choisissant un nouveau pays, elle choisit une nouvelle langue d'écriture. Plus elle s'éloigne géographiquement de son pays d'origine, plus elle prend de la distance avec elle-même, plus son besoin de survie est évident et plus sa quête d'identité semble transparaitre dans son œuvre. Ne déclarait-elle pas dans le roman *La mano che non mordi* : « (...) sai oggi per vivere ho bisogno de distanza[11] » (« tu sais aujourd'hui pour vivre j'ai besoin de distance ») ?

11 Ornela Vorpsi, *La mano che non mordi*, Turin, Einaudi, 2007, p. 66.

Nous noterons la quête d'identité, ou du moins un retour sur ses origines, sur sa propre histoire. Severina Pasho souligne à juste titre que

> Dominique Viart parle d'un retour du sujet sur sa propre identité passant par un travail de mémoire. Vorpsi fait par le biais de son œuvre et dans son œuvre, « une tentative de restitution » pour appréhender son identité dans le récit de filiation où la fiction se mêle aux souvenirs et au geste familial[12].

Si le lexique et la syntaxe appartiennent à la langue choisie pour écrire, la langue maternelle demeure présente, et comme on l'a noté en italien à travers les expressions qui sont quasiment traduites littéralement de l'albanais, on retrouve ce phénomène dans la langue française :

> Comment tu vas ? Je vais bien, Comment tu vas, toi ? Je vais bien. Et toi ? Bien, bien, merci ! Et toi, comment tu vas ? Et vous, vous allez bien ? Pas mal, on fait aller comme on dit [...][13]

Ces longues salutations sont une véritable copie des formules de salutation répétitives albanaises « Si je ? Mirë. Ti si je ? Mirë. Po ti ? ... » ou encore « Mère pourquoi m'as-tu fait naitre[14] ? », reprise de ce cri populaire albanais « *Nanë moj pse me linde* » présent dans les chansons ou dans les poésies. L'« inter-langue » entre l'albanais et le français traduit l'inter-culture, l'hybridité culturelle de l'auteure.

L'hybridité, terme qu'on attribue à Homi Bhabha[15] dans les études culturelles postcoloniales, dans les deux cas qui nous intéressent, va se manifester dans la forme, le registre et la langue, qui vont se mélanger, se superposer, et indéniablement enrichir les œuvres, renforcer le récit et son thème, et dans cet échange multiculturel changer les formes culturelles traditionnelles.

Elle nous ramène à la distance que l'auteure a prise, à la fois par les kilomètres qui la séparent de Tirana et par son esprit, une distance qui se traduit par le choix d'une autre langue que la sienne. Toutefois, comme l'écrivain Pajtim Statovci qui insère des mots albanais dans son finnois,

---

12 Severina Pasho, « Ornela Vorpsi entre les mots et les couleurs », Conférence Internationale – *50 ans de recherche et d'enseignement au Département de français de l'Université de Tirana*, 2016, p. 16.

13 Ornela Vorpsi, *L'été d'Olta*, p. 19.

14 *Ibid.*, p. 54.

15 Homi Bhabha, *Les lieux de la culture. Une théorie postcoloniale*, Paris, Payot, 2007 (trad. par Françoise Bouillot).

Vorpsi garde les mots « raki » ou « cezve » tels quels, pour parler de l'eau-de-vie de son pays ou de la casserole à café turc. L'interpénétration des langues renvoie à la pluralité des cultures et des identités, comme le démontrent Destrempes[16] ou encore Carmen Molina Romero :

> Lorsqu'un écrivain choisit le français plutôt que sa langue maternelle ou d'enfance pour sa création, il s'engage dans une quête identitaire fatale. Si l'errance dans la langue est source de création, elle développe aussi une surconscience linguistique qui mène à penser la place de la langue maternelle, à questionner la langue en tant que forme et substance[17].

Derrida explique cette difficile prise de distance du fait de notre langue maternelle qui est en nous, qui est nous, où qu'on aille : « Que nomme en effet la langue dite maternelle, celle qu'on emporte avec soi, celle qui nous emporte de la naissance à la mort ? Ne figure-t-elle pas le chez soi qui ne nous quitte jamais[18] ? »

Dans l'œuvre de Vorpsi, la patrie (en albanais, on peut aussi utiliser le mot féminin, *mëmëdheu*, ce qui revient à « matrie »), la mère et la langue maternelle forment une sorte de trinité, où la première, l'Albanie l'a fait souffrir, sa mère, tantôt aimante tantôt distante aussi et cette langue albanaise dans laquelle elle ne peut écrire, parce que celle-ci, comme elle l'a déclaré dans un entretien[19], la ramène vers ce pays qui a interné son père et lui a volé son enfance, sa jeunesse en l'étiquetant du nom d'enfant d'un déclassé. Écrire en albanais, c'est pour elle ouvrir des plaies, écrire en français, c'est survivre, ou tout simplement vivre.

16 Hélène Destrempes, « Plurilinguisme et stratégies identitaires dans la littérature autochtone d'expression française au Québec », dans Robert Dion, Hans Jürgen Lüsebrink et János Riesz (dir.), *Écrire en langue étrangère. Interférences de langues et de cultures dans le monde francophone*, Nota Bene, 2002, p. 395-415.

17 Maria Carmen Molina Romero, « Écrivains afrancesadaos au XXe siècle », *Écritures multilingues et écritures métisses, l'hospitalité des langues*, Actes du Colloque International de Clermond-Ferrand, 2-4 décembre 2004, p. 235.

18 Jacques Derrida, Anne Dufourmantelle, *De l'hospitalité*, Paris, Calmann-Levy, 1997.

19 Koha Ditore, entretien avec Bekim Kupina, 31 juillet 2015.

BESSA MYFTIU, « ÉCRIRE EN FRANÇAIS DONNE PLUS DE LIBERTÉ »

Bessa Myftiu a trente ans en 1991 quand la dictature tombe. Lors d'un voyage en Suisse, elle rencontre son futur mari, elle reste en Suisse et apprend le français, « découvre une manière de penser différente, d'autres usages. » Et c'est aux lecteurs suisses, francophones qu'elle veut parler, dans leur langue, de ses êtres, de ses lieux, qu'elle cherche et retrouve dans son œuvre. Mais surtout, c'est jouir de la liberté que lui procure le français, langue de la liberté, loin des canons imposés à la langue et à la littérature albanaises par la dictature communiste. L'auteure ne déclare-t-elle pas : « Je pouvais tout dire et le contraire du tout, pourvu que ce soit cohérent. La véracité ? On s'en fiche en français ! J'étais libre, libre… excepté le cadre et le sujet[20]. »

Le cadre, l'Albanie communiste, le sujet, sa famille, sa vie, Myftiu les situe pour un lecteur qui n'a pas connu ce régime, qui sait très peu des choses sur lui. Si ce n'est pas un cours d'histoire qu'elle offre, c'est un témoignage, sous une forme littéraire, de cette époque révolue, dure :

> Je sens moins le fracas émotionnel, c'est plus calme… et écrire en français donne plus de liberté. C'est sans doute plus compliqué que d'écrire dans sa propre langue mais l'originalité y gagne. Mon style s'est allégé. Le réalisme socialiste de mon enfance n'était pas fait pour la légèreté ! C'est la langue française et le contexte culturel et social d'ici qui m'ont permis ce travail stylistique. Et puis, si j'écris pour témoigner, pourquoi écrire pour ceux qui savent ? Je dois écrire pour un lectorat du pays où j'habite[21].

Et comme elle le dit dans cet extrait :

> Tous les lycéens albanais, filles et garçons à partir de quinze ans, étaient obligés de passer un mois de l'année scolaire à apprendre comment faire la guerre. J'étais un très mauvais soldat[22].

20 Entretien pour la revue du CBAI, Centre bruxellois d'action interculturelle, en ligne.
21 « Rencontre avec Bessa Myftiu », entretien, *AgoraMag*, 2010, en ligne.
22 Bessa Myftiu, *Confessions des lieux disparus*, *op. cit.*, p. 134.

CONCLUSION

Écrire en français pour ces deux auteures albanaises est un acte de liberté, une réponse à la pudeur, une prise de distance avec un passé douloureux qu'on cherche néanmoins à se remémorer, un baume pour les émotions qu'on ne peut contenir lorsqu'on évoque ses souvenirs, un témoignage pour ceux qui n'ont pas connu ce régime dur. L'expliquer directement par la langue du lecteur rend ces confessions plus proches, plus vraies, plus convaincantes, plus parlantes.

Le français comme langue de création est langue de liberté, pour se connaître, se protéger, parler sans blesser, sans choquer, sans se faire mal. Myftiu, comme Vorpsi, ont choisi de parler de leur pays d'origine et de leur passé dans la langue qu'elles ont apprise dans leur pays d'émigration. Elles parlent de cet ailleurs dans la langue de l'Autre qui devient petit à petit leur propre langue. L'hybridité est aussi évidente, et elle ne peut qu'être un enrichissement de la langue française et de la littérature en langue française.

Choisir le français pour écrire leurs œuvres, c'est aussi choisir la langue qui leur permet de dire l'amour qu'elles ont pour leur pays d'origine. Amour qu'elles déclarent plus facilement dans cette langue étrangère, à travers leurs œuvres-mémoires. Amour qu'elles veulent partager avec leurs lecteurs, dans leur langue, pour leur parler des objets de leur mémoire, comme les bonbons Zana[23] ou les loukoums, de leurs lieux, de leurs lieux de mémoire. Écrire en français, c'est aussi être plus proches de leur public, créer avec lui une intimité, dans une langue commune.

Nerimane KAMBERI
Université de Pristina, Kosovo

23 Ornela Vorpsi, *L'été d'Olta*, *op. cit.*, p. 198.

LANGUE ET IDENTITÉ DANS *MARX ET LA POUPÉE* DE MARYAM MADJIDI ET *DOUBLE NATIONALITÉ* DE NINA YARGEKOV

Vers un paradigme post-monolingue ?

Je propose une étude des langues comme marqueurs d'identité dans deux romans récents : *Marx et la Poupée* (2017) de Maryam Madjidi[1] et *Double Nationalité* de Nina Yargekov (2016)[2]. Ces deux romans parus à une année de distance accordent une place centrale à la thématique des langues et en particulier à celle du bilinguisme.

Marx et la Poupée est le premier roman de Maryam Madjidi. Il a été récompensé par le prix Goncourt du Premier Roman en 2017. Il s'agit d'un récit largement autobiographique dans lequel est racontée l'enfance de la narratrice Maryam en Iran, puis son émigration en France avec ses parents. Une grande partie de la narration est focalisée sur la découverte de la langue française par la narratrice lors de son arrivée en France. *Double Nationalité* est le troisième roman de Nina Yargekov. Il a obtenu le Prix de Flore en 2016. Le roman est entièrement écrit au « vous » et focalisé sur une femme amnésique parfaitement bilingue qui cherche à savoir auquel des deux pays dont elle a un passeport elle appartient « vraiment ».

Les deux autrices sont soumises à ce qu'Alain Ausoni appelle une « demande d'autobiographie », qui découle d'un signe d'étrangeté – nom, accent, origines… – que le lectorat reconnaît, et dont il attend un récit[3]. Madjidi, émigrée en France depuis l'Iran à l'âge de six ans, est une

1 Maryam Madjidi, *Marx et la Poupée*, Paris, Le Nouvel Attila, 2017. Désormais cité comme *MP*.

2 Nina Yargekov, *Double Nationalité*, Paris, POL, 2016. Désormais cité comme *DN*.

3 Alain Ausoni, *Mémoires d'Outre-Langue. L'écriture translingue de soi*, Genève, Slatkine, 2018, p. 40-42.

écrivaine *translingue* : elle a appris le français comme une langue seconde, bien qu'à un âge très jeune, et sa première socialisation s'est faite dans une autre langue, le persan. Nina Yargekov, quant à elle, relève de ce qu'on appelle la « deuxième génération », ou la « post-migration[4] » : née en France de parents hongrois émigrés dans les années soixante-dix, depuis la première enfance elle a parlé hongrois avec ses parents et français en dehors de la maison. Les deux autrices, qui s'expriment littérairement uniquement en français, travaillent toutes les deux dans le domaine des langues : Madjidi est professeure de français langue étrangère (FLE) pour la Croix Rouge française, auprès des mineurs non accompagnés ; Yargekov est traductrice-interprète entre le français et le hongrois.

La demande d'autobiographie à laquelle sont soumis les écrivains translingues, avance encore Ausoni[5], n'est pas sans rapport avec la pratique de la biographie langagière, une pratique fréquente dans les cours de FLE, qui consiste pour l'apprenant à retracer son histoire d'apprentissage des langues. Nous pouvons faire l'hypothèse que le récit de Maryam Madjidi emprunte aux moyens de la biographie langagière, qu'elle doit bien connaître par sa pratique de l'enseignement du FLE.

Si Madjidi épouse cette attente du lectorat par le choix d'un pacte de lecture autobiographique, Yargekov brouille les pistes, par le biais de deux ressorts principaux : d'abord, le nom du personnage, Rkvaa Nnoyeg, est l'anagramme du nom de l'autrice, mais il rend l'origine du personnage méconnaissable ; ensuite, la Yazigie, double fantomatique de la Hongrie, et sa langue mathématique, le yazige, déjouent la demande d'ailleurs des lecteurs en la déplaçant vers un pays clairement imaginaire. De façon spéculaire, dans la deuxième partie du roman, l'action se passe en Hongrie, mais le pays imaginaire de Lutringie remplace la France comme pays de naissance de la protagoniste. La France du lecteur devient ainsi à son tour le pays absent et fantasmé.

Avant d'aborder la place des langues dans ces deux romans, il importe encore d'analyser le traitement du temps et de la narration dans le récit,

4 Cette catégorie a été proposée pour évoquer le contexte spécifique d'écriture des descendants d'émigrés et les manières dont ils expriment littérairement l'héritage de la migration. Voir Myriam Geiser, « "We are translated men" : Translation culturelle dans les écritures de la post-migration », dans Alexis Nouss, Crystel Pinçonnat, Fridrun Rinner (dir.), *Littératures migrantes et traduction*, Aix-en-Provence, Presses universitaires de Provence, 2017, p. 13-22.

5 Alain Ausoni, *op. cit.*, p. 41.

deux éléments avec lesquels la thématisation des langues et le discours sur celles-ci sont en étroite connexion.

Marx et la Poupée est divisé en trois sections, intitulées « Première naissance », « Deuxième naissance » et « Troisième naissance ». Chacune de ces « naissances » de la narratrice est associée à la découverte, ou redécouverte, d'une langue : le persan dans la première partie, le français dans la deuxième, encore le persan, retrouvé à l'âge adulte, dans la troisième. La temporalité, malgré la présence de quelques analepses, est linéaire et l'imaginaire des langues se construit par stratification à travers ces trois époques de la vie de la narratrice. Dans *Double Nationalité*, la temporalité du récit est plus complexe, pour une série de raisons : d'abord, le personnage principal, amnésique, reconstruit son passé au fur et à mesure que le récit avance. Il y a donc un double mouvement du récit, en avant, par les actions du personnage, et en arrière, par ses découvertes successives sur son propre passé. Enfin, le temps de l'histoire est circulaire : la fin du roman correspond à son début et laisse entendre une répétition *ad libitum* de l'intrigue du texte qu'on vient de lire. Il n'y a, dès lors, ni construction chronologique ni hiérarchie dans l'imaginaire des langues du personnage, pour qui le temps lui-même n'est pas linéaire.

À cette différence de temporalité correspond une toute aussi grande différence dans les instances de narration. Cette fois, c'est l'autrice de *Marx et la Poupée* qui construit un dispositif plus complexe, au moins en apparence. En effet, il y a dans le roman de Madjidi une forte variation des personnes narratives. On observe dans les courts chapitres du roman une alternance entre deux instances, « je » et « elle » (« la petite fille »), mais aussi des passages au « tu » (le père ou la mère) ; ces instances alternant d'un chapitre à l'autre et parfois d'un paragraphe à l'autre du même chapitre, sans qu'il y ait toutefois la moindre ambiguïté ni sur l'identification de ces instances ni, surtout, sur la temporalité du récit, comme le montre cet exemple :

> *Elle* passe des heures à regarder les yeux de sa mère. Des yeux de sa mère sortent des mélodies muettes que *la petite fille* tente de transcrire sur des cahiers d'écolier. Donner voix à *tes* yeux. [...] Absente, longtemps *je t'*ai vu absente. Absentée de la vie, de la maternité, du désir. *Tu* glissais lentement sur la vie avec un sourire d'acceptation. (*MP*, p. 18, je souligne.)

Dans *Double Nationalité*, en revanche, une seule voix (le « vous ») porte le récit :

> Vous fouillez dans votre sac à main et y découvrez deux passeports, deux téléphones, deux porte-monnaie, deux cartes bancaires, deux trousseaux de clefs ainsi qu'une lingette rince-doigts. Seul objet à se présenter à vous sous la forme d'un exemplaire unique, la lingette rince-doigts suscite immédiatement votre attention, et aussi, il vous faut l'avouer, votre sympathie. (*DN*, p. 12.)

Cette voix a priori unique est néanmoins très plastique : elle formule tour à tour une série d'hypothèses, qui donnent lieu à autant de récits contrefactuels, qui sont aussitôt démontés et démentis par des contre-arguments, qui engendrent eux aussi des récits, avec un effet fortement polyphonique, malgré l'unité apparente de l'instance de narration. En outre, les pensées du personnage sont personnifiées. L'autrice les représente comme des entités dotées de personnalité qui discutent et débattent entre elles, apportant un élément dialogique à un texte habité pratiquement par un seul personnage, comme on voit dans ces exemples :

> [...] pardon mais qui vous parle ? Oh, c'était l'une de vos pensées, une pensée très bizarre d'ailleurs, qui ressemblait à une branche carbonisée – d'habitude, vos pensées sont verdoyantes et pleines de vitalité, mais celle-ci était comme morte. (*DN*, p. 42.)

> Vous levez une armée de pensées, vous sélectionnez les plus musclées, les plus courageuses, et vous leur ordonnez de se mettre en formation de combat. (*DN*, p. 208.)

MARX ET LA POUPÉE, CRISE ET RECOMPOSITION

Abordons donc la réflexion sur les langues élaborée dans ces romans. Dans *Marx et la Poupée*, comme on l'a déjà dit, l'imaginaire de la langue se construit progressivement, au fil des trois parties du récit. La première partie se focalise sur l'enfance en Iran avant l'exil. Malgré le danger dans lequel elle vit avec ses parents, militants communistes et dissidents politiques contre le régime de Khomeiny, la petite Maryam vit une enfance heureuse, près des affects familiaux, notamment de sa grand-mère. Dans cette partie du récit, le personnage de Maryam baigne dans un monolinguisme rassurant, vivant en conformité avec ce que Yasemin

Yildiz a appelé le « paradigme monolingue », cette croyance que tout individu ou formation sociale possède une seule, « vraie » langue, la langue maternelle, organiquement liée à une ethnie, une culture, une nation[6].

Dans la deuxième partie (« Deuxième naissance »), ce paradigme entre en crise ; arrivée en France avec ses parents, Maryam découvre que les langues correspondent à des mondes en conflit, d'un côté celui des parents, vivant les difficultés matérielles et immatérielles de l'exil ; de l'autre, celui de l'école, dans laquelle Maryam est une élève brillante, désireuse de s'intégrer parmi ses pairs :

> J'ai fini par accepter cette loi : le persan à la maison, le français dehors. Il y avait désormais notre langue et leur langue, nous et eux. Et moi je passais d'un monde à l'autre, d'une langue à l'autre, échangeant mes rôles, jonglant tant bien que mal avec ces deux identités. (*MP*, p. 145.)

Au fil de sa vie d'enfant et de jeune adulte, Maryam se défait du persan et endosse – dans une sorte de reconstruction artificielle du monolinguisme – le français, refusant même autant qu'elle le peut de parler le persan et d'apprendre à l'écrire. La grand-mère restée en Iran demeure le seul, dernier lien avec le pays et la langue perdus. Cependant, en grandissant elle éprouve de plus en plus un conflit identitaire, lié à l'injonction de choisir – dramatisée dans des dialogues – provenant de la société, qui la renvoie constamment à ses origines étrangères, tout en prétendant d'elle qu'elle assume son identité française.

> – Tu sais ce que ça fait d'être nulle part chez soi ? En France, on me dit que je suis iranienne. En Iran, on me dit que je suis française. Tu la veux ma double culture ? Je te la donne, va vivre avec et tu viendras me dire si c'est une « belle richesse » ou pas. (*MP*, p. 156.)

Dans la troisième partie du récit, Maryam décide de retrouver la langue de son enfance, apprendre à la lire et à l'écrire, se familiariser avec sa littérature, enfin repartir en Iran retrouver sa famille et son pays.

Au fil du roman, le paradigme monolingue traverse une crise, ne serait-ce que par le choix même d'écrire dans la langue « étrangère »,

6 « Individuals and social formations are imagined to possess one "true" language only, their "mother tongue", and through this possession to be organically linked to an exclusive, clearly demarcated ethnicity, culture, and nation. » Yasemin Yildiz, *Beyond the Mother Tongue. The Postmonolingual Condition*, New York, Fordham University Press, 2012, p. 2.

que Madjidi revendique fortement à la fois dans le livre et dans ses interventions publiques. Néanmoins, le récit ne remet pas profondément en cause ce paradigme ; au contraire, il finit par le restaurer sur le plan imaginaire : même si le roman est écrit en français, la croyance dans le lien sujet-langue maternelle-nation demeure forte, comme le montre bien le recours massif à la figure de la personnification pour les deux langues.

Tout au long du roman, le français et le persan sont représentés par des procédés qui, dans leur variété, recherchent tous l'effet de montrer les langues comme des organismes vivants. Dans ce passage, par exemple, la langue française est représentée comme un enfant que la narratrice se prépare à mettre au monde. L'apprentissage de la langue est comparé à la gestation et les premiers mots, tardifs, en français à un accouchement :

> Je suis une sorcière qui prépare une nouvelle langue et je ne veux pas qu'on me presse. Je vais bientôt mettre au monde mon français comme un enfant qui va naître, je le sais, je le ferai quand ce sera prêt. La langue prend forme dans le secret da ma bulle, de mon monde intérieur, mon placenta à moi. [...] Soudain, c'est sorti : j'ai enfanté mon français. Je me suis mise à parler en français sans m'arrêter avec un enthousiasme et une vitesse fulgurants. (*MP*, p. 122-123.)

Ailleurs, la langue persane est figurée, par un jeu de mots avec son homonyme (la langue comme organe), tel un objet que le personnage avale et qui demeure caché au fond de son corps :

> Ainsi s'est tu le persan. La petite fille comprend qu'ici, il ne sert à rien de le parler. Personne ne lui répondra.
>
> Alors il se passe quelque chose d'étrange : elle avala sa langue. Elle ferma les yeux et elle engloutit sa langue maternelle qui glissa au fond de son ventre, bien à l'abri, au fond d'elle, comme dans le coin le plus reculé d'une grotte. (*MP*, p. 139.)

Comme nous l'avons anticipé, la personnification est le procédé le plus fréquent dans le roman pour figurer les langues. Dans ce passage, le ressenti du personnage principal, petite fille perdue et exotisée par son nouvel environnement, est directement attribué à la langue :

> Il était une fois
> Une langue perdue dans un pays étranger.
>
> Étrangère dans un pays où son odeur n'était familière pour personne. Son intonation, sa mélodie, son rythme un peu plaintif et nonchalant ne touchaient

> plus le cœur des gens et avaient seulement un attrait quelque peu exotique pour eux. (*MP*, p. 136.)

Le chapitre « La lutte des langues » (*MP*, p. 140-142) met en scène un dialogue entre la langue française et la langue persane qui débattent à coups de stéréotypes linguistiques pour la conquête de la petite fille. Le français l'emporte.

> Le persan, assis un peu à l'écart sur un banc, les regarde s'éloigner. Vieille femme pensive, encerclée d'une épaisse solitude, balayant du bout de sa canne quelques feuilles et déchets et les vieux rêves du passé. (*MP*, p. 42.)

C'est sous ces mêmes traits de vieille dame que le persan apparaît à la narratrice dans la troisième partie du roman, avant son retour au pays natal :

> – Je te l'avais dit : tu reviendras vers moi. Tu es revenue à présent.
> – Vous êtes qui ?
> – Tu ne me reconnais pas ? Je suis ta langue maternelle. Je t'ai attendue tout ce temps.
> J'ai traîné pendant des années devant cette école, assise durant des heures sur ce banc. J'étais près de toi à tous tes cours, du collège au lycée. [...] J'ai essayé de m'immiscer discrètement dans ta vie mais sans forcer les choses. [...]
> Je m'en vais maintenant, tu m'as trouvée, je n'ai plus besoin de te poursuivre en douce. (*MP*, p. 179.)

Arrivée en Iran, Maryam retrouve sa famille, notamment sa grand-mère, et commence à se construire une nouvelle vie dans la langue et le pays retrouvés. Cependant, toute sa famille essaie de la dissuader de s'y établir définitivement, ce qui réenclenche le conflit identitaire : « Je me mets à pleurer. Je suis prise au piège. Je ne peux plus vivre en France. Je ne peux plus vivre en Iran. J'ai envie de disparaître. » (*MP*, p. 193)

Ce conflit est lisible à la lumière des observations de Tzvetan Todorov dans un article de 1985, « Bilinguisme, dialogisme et schizophrénie ». En relatant son premier retour dans son pays natal, la Bulgarie, après dix-huit ans de vie en France, Todorov affirme que ce fut pour lui « une expérience de malaise et d'oppression psychique[7] ». En effet, le sujet bilingue (mais, dans ce cas aussi, translingue) qui retrouve sa langue

7 Tzvetan Todorov, « Bilinguisme, dialogisme et schizophrénie », dans *Du bilinguisme*, Paris, Denoël, 1985, p. 20.

d'origine est double, mais pas synchrone, car il ne peut être dans les deux lieux, ou les deux langues, simultanément. Il éprouve ses deux identités, mais ne peut pas les éprouver en même temps :

> J'ai beau être français et bulgare, [...] je ne peux me retrouver qu'à Paris ou à Sofia. Ma présence simultanée dans les deux lieux différents n'est pas encore à ma portée. [...] La double appartenance ne produit qu'un résultat : à mes yeux même, elle frappe d'inauthenticité chacun de mes deux discours, puisque chacun ne peut correspondre qu'à la moitié de mon être ; or je suis bien double. Je m'enferme donc de nouveau dans le silence oppressant[8].

C'est pourquoi la seule réponse possible pour le philosophe consiste à donner une hiérarchie à ses deux moitiés, en lien avec un lieu d'énonciation qui soit aussi le « lieu de [son] identité présente[9] » :

> L'égalité des voix me sentir le souffle de la folie. Leur asymétrie, leur hiérarchie est au contraire rassurante. [...] Le silence et la folie m'ont paru surgir à l'horizon de la polyphonie démesurée et je les ai trouvés oppressants ; c'est pourquoi sans doute je lui préfère la mesure du dialogue[10].

De manière analogue, le personnage de Maryam aboutit à la prise de conscience que sa double identité est le produit de deux identités successives, asymétriques et jamais synchrones :

> C'était le premier voyage, le premier retour à la terre-mère, la première descente vers l'origine. Une descente ou une chute, je ne sais pas. J'ai failli perdre la tête. J'ai glissé sur mon identité. Je suis tombée.
>
> Il y a eu d'autres retours par la suite. Des retours plus courts, plus apaisés, plus lucides, moins déchirants, et la tête était bien vissée sur son socle. Je me suis relevée. (*MP*, p. 193.)

---

8 *Ibid.*, p. 22.
9 *Ibid.*, p. 26.
10 *Ibid.*, p. 25-26.

DOUBLE NATIONALITÉ, UNE ENQUÊTE IDENTITAIRE POLYPHONIQUE

Dans *Double Nationalité* de Nina Yargekov, en revanche, la « polyphonie démesurée » dont parle Todorov est précisément le point de départ. La double identité du personnage, en effet, n'est pas un acquis, mais le donné initial. Selon la grille de lecture du philosophe bulgare, puisque les langues et les différents discours sur le monde qu'elles véhiculent sont privées de fonctions distinctes et d'un lieu d'énonciation stable, le personnage n'a pas de mémoire et est sujet à un dédoublement de personnalité[11].

Dans la première page du roman, une femme se réveille à l'aéroport Charles de Gaulle, complètement amnésique. Elle a deux passeports attestant de sa double nationalité et se rendra compte plus tard qu'elle connaît parfaitement deux langues : le français et le yazige, langue d'un petit pays d'Europe centrale appelé Yazigie. Elle commence donc une enquête, visant d'abord à élucider les faits – elle découvre qu'elle est enfant d'émigrés et qu'elle est traductrice-interprète, tout comme l'autrice –, ensuite à découvrir « dans laquelle des deux coquilles juridiques [elle a] installé [sa] chair identitaire » (*DN*, p. 201).

Le roman procède ainsi par constructions et déconstructions d'hypothèses identitaires, chacune desquelles est parodiée au moment même de son énonciation. Dans la première partie du récit, par exemple, elle s'approprie le discours patriotique de son petit pays d'origine :

> Vous êtes blessée dans votre orgueil yazige. Et quel orgueil. Il se déroule en vous, il se déploie, il n'en finit pas, c'est un grand et bel orgueil ; noir et brillant, c'est un étendard dans la tempête, le drapeau des seuls contre tous, des résistants, des indépendants, des loyaux jusqu'à la mort, des qui ne baissent pas les yeux, des qui ne marchandent pas, des vainqueurs de principe, des méritants escroqués, des qui auraient gagné brillé triomphé si les autres n'avaient pas triché ; c'est le cri de ralliement d'un peuple valeureux qui a tenu bon malgré tous les revers et qui n'a jamais négocié, plutôt se briser le dos que courber l'échine, plutôt le massacre que l'armistice, les roseaux c'est pour les traîtres toujours debout toujours [...] (*DN*, p. 35.)

---

11 La schizophrénie, en revanche, a été évoquée à maintes reprises par la critique pour le premier roman de Yargekov, *Tuer Catherine* (POL, 2009) ; dans ce texte, la narratrice décide de tuer l'une de ses voix intérieures, « Catherine ».

Quelques pages plus tard, l'hypothèse de l'assimilation inévitable à l'identité française est à son tour à la fois endossée et parodiée :

> Mais oui, la France a été votre moelleux berceau, votre mère adoptive, sans prendre ombrage du fait que vous étiez un produit d'importation, elle vous a nourrie et éduquée en lieu et place, par délégation de pouvoir si l'on peut dire, de la Yazigie [...] (*DN*, p. 51.)
>
> C'est que votre père et mère ont eu beau vous parler yazige, vous faire baigner dans la culture yazige, vous faire lire et jouer et chanter et courir en yazige, allant même jusqu'à vous faire baptiser au temple calviniste yazige de Paris alors qu'ils étaient de fervents athées, vous leur avez échappé, vous vous êtes francisée, on ne peut lutter contre l'école de la République, les vins de Bourgogne et les marinières, qui grandit en France devient français, c'est la dure loi de la socialisation le contexte triomphe toujours. (*DN*, p. 77.)

Ni yazige, ni française : on pourrait dès lors s'attendre à une recomposition, plus ou moins heureuse, des deux identités et à la revendication d'une forme de biculturalisme ou de métissage. Cependant, le récit de la double appartenance est lui aussi parodié aussitôt qu'il est assumé :

> Oui, vous avez le droit d'être plurielle, à bas les blocs uniformes, vive les matériaux composites, pourquoi choisir alors même qu'il est de notoriété publique que choisir c'est renoncer ? [...]
>
> Il convenait simplement de remplacer l'une OU l'autre par l'une ET l'autre. [...]
>
> Vous êtes superposée, complexe et rhizomique, bizarre, libre et inclassable, vous n'êtes ni déracinée ni replantée, ni infidèle ni déloyale, les deux pays sont inscrits en vous et vous êtes inscrite dans les deux pays, vous vous affranchissez des clivages binaires, vous échappez aux petites boîtes, vous êtes l'hermaphrodite parmi les hommes et les femmes, vous êtes, ah mais oui, vous êtes queer de la nationalité. La classe. (*DN*, p. 310-311.)

L'enquête identitaire n'aboutit donc pas au constat de sa double identité ou de son hybridité, mais, au contraire, un rejet de toute appartenance à partir du moment où elle a tendance à se figer, à figer le sujet. Les quelques certitudes qui se dégagent pour le personnage enquêtant au fil du texte, n'ont pas trait à l'identité culturelle, mais à l'éthique. Le chapitre final le montre particulièrement bien : les seules choses auxquelles on peut dire d'appartenir sont nos choix éthiques individuels, comme, dans cet exemple, le végétarisme :

> Vous aviez tout oublié de vous-même, votre nom, votre âge, votre profession, votre nationalité bien sûr, mais pas le végétarisme [...]. Or être végétarienne, ce choix d'être végétarienne que vous avez effectué, c'est le choix de tracer la frontière, la ligne de démarcation qui sépare *Eux* et *Nous* entre les êtres susceptibles de souffrir et les autres – un Allemand, un orang-outan, une chèvre et vous-même avez en commun la capacité à vivre des expériences subjectives. Voilà pourquoi vous ne mangez ni les Allemands, ni les orangs-outans, ni les chèvres. (*DN*, p. 664-665.)

Regardons maintenant de plus près les représentations proprement linguistiques. Le paradigme monolingue est bien énoncé dans sa version la plus stéréotypée :

> Le yazige est votre langue maternelle. Le français est une surcouche, un ajout. C'est en yazige que vous vibrez, c'est en yazige que vous avez vécu ce qui façonne une personnalité, les blessures de l'enfance la découverte du monde. [...] En français les mots sont creux, en français mentir n'est rien car en français dire le faux n'est pas malhonnête, cela n'engage pas votre personne. [...] Parce ce qu'en français ce n'est pas vous. (*DN*, p. 186.)

Aussitôt énoncé, il est questionné (« Ne voyez-vous donc pas que la langue maternelle n'est qu'un mythe romantique qu'il serait urgent de déconstruire ? » *DN*, p. 192), mais la valorisation symétrique du bilinguisme est par la suite parodiée à son tour (« le bilinguisme rend intelligent comme il est bien connu », *DN*, p. 316), dans une boucle qui semble infinie.

L'avancement de l'enquête identitaire par argumentations et contre-argumentations successives, toutes conduites avec légèreté et humour au travers d'une représentation narrativisée de la réflexion du personnage, sont le principal ressort du roman. Les deux langues du personnage ne sont jamais personnifiées ; elles sont stéréotypées avec humour, ou même parodiées, comme dans l'annexe intitulée « extrait de manuel de yazige à l'usage des francophones », qui explique en détail le fonctionnement de cette langue mathématique, dans laquelle parler équivaut à effectuer des calculs ; une référence, probablement, à la difficulté proverbiale du hongrois pour les locuteurs des langues européennes. Ce sont les pensées, en revanche, qui sont personnifiées, comme nous l'avons vu plus haut, dans une mise en scène efficace et humoristique du débat interne du personnage. On remarque aussi que dans la deuxième partie du roman, qui se déroule en Hongrie, aucun mot hongrois n'est cité ni dans le texte ni dans les notes en bas de page, à la différence de *Marx et la poupée*, qui accueille une quinzaine de mots persans traduits en note de bas de page et même quelques vers persans en langue (et graphie) originale, suivis de leur traduction française[12].

CONCLUSION

L'analyse de la place des langues dans *Marx et la Poupée* et *Double Nationalité*, a permis de montrer une grande différence entre ces deux romans : le premier met en scène une crise du paradigme monolingue, travaillé par des pratiques plurilingues, tandis que le deuxième renverse complètement ce paradigme. Si *Marx et la Poupée* est exemplaire de ce que Yildiz appelle la *condition* post-monolingue, qui fait du texte un lieu de tension entre le paradigme monolingue et des pratiques plurilingues, *Double Nationalité* apparaît comme un lieu d'émergence d'un *paradigme* post-monolingue, ou multilingue, qui marquerait la fin du mythe du monolinguisme et le début d'une écriture véritablement « au-delà de la langue maternelle », caractérisée par une nouvelle perception du rapport à la langue, admettant une multiplicité d'appartenances[13].

> Ni l'une ni l'autre. c'est encore trop simple. Plutôt un peu l'une, un peu l'autre, parfois l'une et l'autre, parfois aucune, en tous les cas là-bas toujours trop d'ici et ici toujours trop de là-bas. Identité à l'image de vos langues imparfaites, vous êtes tissée de deux moitiés idiomatiques, de deux verbes incomplets qui fonctionnent ensemble, qui dialoguent continuellement, si l'une s'agrandit l'autre rétrécit, jamais vous ne posséderez totalement l'une sans devoir sacrifier l'autre. (*DN*, p. 668.)

Pour savoir si cette opposition est généralisable à l'ensemble des récits de migration et de post-migration, il faudrait interroger un corpus

12 Des vers de poètes classiques Omar Khayyâm (« Khayyâm, en veux-tu, en voilà ! », *MP*, p. 75-80) et Hâfez (« Hâfez dans un taxi », *MP*, p. 198-200).

13 « The opposite of the monolingual paradigm – that is, a multilingual paradigm that would restructure perceptions and social formations along new lines *after* monolingualism – does not yet truly exist. Yet imaginative works in literature and other fields suggest the possible contours of such a multilingual paradigm and contribute variously to just such a restructuring. » Yasemin Yildiz, *Beyond the Mother Tongue*, *op. cit.*, p. 5.

étendu d'œuvres qui problématisent la question linguistique comme question identitaire.

Nous pouvons provisoirement conclure que, malgré une proximité thématique certaine et la forte présence d'un discours métalinguistique, il apparaît une ligne de partage entre des textes habités par la mémoire d'une enfance vécue ailleurs et dans une autre langue, et d'autres travaillés par une mémoire de la migration qu'ils ont héritée[14]. Les différences dans l'imaginaire des langues porté par les textes sont en lien étroit avec les enjeux de la mémoire.

Sara De Balsi
CY Cergy-Paris Université

14 Les travaux sur la post-migration se réfèrent justement au concept proposé par Marianne Hirsch de *postmémoire*, sorte de mémoire intergénérationnelle qui se transmet par le récit d'un traumatisme. « Postmemory characterizes the experience of those who grow up dominated by narratives that preceded their birth, whose own belated stories are evacuated by the stories of the previous generation shaped by traumatic events that can be neither understood nor recreated. » Marianne Hirsch, *Family Frames : Photography, Narrative and Postmemory*, Cambridge, Harvard University Press, 1997, p. 22.

LE FRANÇAIS ET LA PERTE DE L'IDENTITÉ DANS *COMMENT PEUT-ON ÊTRE FRANÇAIS ?* DE CHAHDORTT DJAVANN

La France et le français ; l'altérité et la langue étrangère ; un espace familier par sa culture et un instrument ordinaire de communication universelle. Parfois, ce sont des outils de construction, reconstruction ou déconstruction identitaire. Le roman *Comment peut-on être français ?* de Chahdortt Djavann en est la preuve.

Comment peut-on être français ? Comment peut-on être parisien ? Comment peut-on naître à Paris ? Leitmotiv montesquieusien à l'inverse, démarche semblable à une première vue. Pourtant... Le roman de l'Iranienne paraît nous inviter à la recherche d'une identité flottante d'un personnage perdant-gagnant, au voyage initiatique d'une femme au pays de la mort et dans la réalité de la vie. Tout cela par l'intermédiaire d'une expérience linguistique et culturelle française.

À travers notre article, nous nous interrogeons, avec pour prétexte l'analyse d'une expérience française, sur plusieurs sujets et épreuves qui contribuent à reconstruire l'identité de la jeune femme iranienne : le rôle de la langue, en l'occurrence le français ; l'expérience de vie française, l'étude de l'histoire et de la culture françaises en comparaison avec celles iraniennes ; les réflexions sur les droits humains (y compris la condition féminine), la recherche de la liberté.

La question principale à laquelle nous essayons de répondre, en analysant les thématiques annoncées, est la suivante : réussit-elle, Roxane, par cette expérience initiatique, à se reconstruire ?

Chahdortt Djavann est une écrivaine iranienne qui vit en France. Née en 1967 en Iran, elle était la fille d'un féodal d'Azerbaïdjan qui a souffert les répressions du régime islamiste et a enseigné à sa fille l'amour de la littérature et la détestation des mollahs, les représentants du régime. L'interdiction de lire les grands auteurs européens à la suite de la Révolution islamiste, ainsi que le fait d'être forcée de porter le voile font d'elle, depuis un jeune âge, une manifestante contre le régime répressif. À 13 ans, elle est arrêtée et battue parce qu'elle a participé à une manifestation, et passe trois semaines en prison. Elle arrive en France en 1993, sans parler le français. Autodidacte, elle commence à lire les dictionnaires, les manuels de littérature, les classiques de la littérature française, elle arrive à faire des études de psychologie et d'anthropologie et à écrire un mémoire de master à l'École des hautes études en sciences sociales de Paris, qui portait sur « L'endoctrinement religieux et l'islamisation du système d'éducation en Iran après l'instauration du régime Khomeiniste ». Elle commence une thèse sur l'œuvre de Cioran, Ionesco et Beckett en essayant d'étudier « La création littéraire dans la langue de l'Autre », mais elle abandonne cette entreprise et commence sa carrière littéraire. Elle écrit des romans et des pamphlets, ainsi que de nombreuses tribunes dans les journaux français, en s'insurgeant contre le régime iranien, contre l'endoctrinement religieux, contre le port du voile par les mineures, contre la profération des fatwas, contre la vision politique totalitaire de certains leaders islamistes.

Le roman *Comment peut-on être français ?*, paru en 2006 aux éditions Flammarion, est le cinquième livre de l'auteure. L'écrivaine raconte, innocemment à première vue, l'histoire de Roxane Khân, une Iranienne à peine arrivée à Paris. Bien que le récit soit construit autour de la vie de la jeune femme, son histoire est racontée assez en détail, à commencer par la vie de son grand-père, le grand Pacha Khân, lettré connaisseur de la langue française, qui, même s'il était un riche féodal, avait eu l'ouverture de soutenir la démocratie et la liberté et de s'opposer à la polygamie, raison pour laquelle sa mémoire reste liée à la liberté et à la langue française. En revanche, son fils, Pacha Khân fils, représente le contraire. Il s'agit du père de Roxane, un homme dont on ne savait pas le nombre de femmes, d'autant moins celui d'enfants. Roxane était la cadette d'une innombrable progéniture, une famille qui ne lui offrit pas une enfance heureuse, ni l'amour ou le soutien nécessaires. Le roman raconte en grande partie la vie de Roxane en France, mais contient aussi des retours en arrière, au fil de la mémoire de la jeune femme, occasions pour les lecteurs de comprendre les ressorts complexes de son histoire, de ses agissements, de ses sentiments, mais aussi d'apprendre des détails sur la condition féminine iranienne, l'économie, la politique, la religion et d'autres aspects révélateurs de sa pensée et ses actions.

Née en 1974, Roxane arrive à Paris en 2000, à 26 ans. Sans parler le français, sans connaître personne à Paris, son rêve de la vie en France s'effiloche petit à petit. Avec l'espoir d'une existence libre et sereine, nourrie par les grands classiques de la littérature française qu'elle avait lus en traduction pendant son adolescence iranienne, Roxane découvre au fur et à mesure une réalité de plus en plus sombre. De l'enchantement du début à une tentative de suicide, deux ans passent. La solitude, les difficultés à trouver un emploi, à nouer des liens avec les gens, tout cela aggravé par la non-maîtrise de la langue, jettent Roxane dans une sévère dépression. Plus de la moitié du récit est construit autour du processus d'apprentissage de la langue française, avec ses hauts et surtout ses bas, car c'est à travers la langue qu'un étranger apprend aussi les réalités d'un nouveau pays, belles ainsi que mauvaises.

La construction narrative du récit est elle-même complexe : un narrateur extra-diégétique (une narratrice peut-être ?) raconte l'histoire de Roxane, celle présente, sa vie parisienne, mais aussi le passé, son enfance, sa vie en Iran. À un moment donné, l'auteure donne la parole au personnage de Roxane lui-même qui s'exprime à travers des lettres qu'elle envoie à Montesquieu (clin d'œil évident, assumé et déclaré aux *Lettres persanes*) ; elle se sert de ces lettres comme d'un instrument d'apprentissage du français, c'est au moins le but déclaré, car le but tacite est de donner l'occasion de la dénonciation et de la révolte contre le système iranien, sa politique, ses mœurs, ses traditions arriérées, son régime totalitaire, répressif et rétrograde. La voix du premier narrateur intervient entre ces lettres. C'est toujours à travers cette voix qu'on apprend à la fin du roman les raisons de l'exil volontaire de Roxane en France : jeune étudiante à l'université, elle va avec deux amies visiter la ville d'Ispahan. Fatiguées, elles enlèvent leurs chaussures pour soigner leurs pieds. Pour ce péché capital, elles sont arrêtées par les « gardiens de la morale », mises en prison pour quelques heures, temps pendant lequel Roxane et une de ses amies sont violées par plusieurs soldats. Enceinte suite au viol, Roxane part en Turquie pour avorter, puis en France pour essayer de s'échapper au passé, reconstruire sa vie, construire une nouvelle identité. Une autre raison, le plus probablement, de son échec français, car le viol peut être vécu comme un meurtre et coïncidant avec une perte totale de soi, comme une rupture d'avec la vie passée. La mort dans l'âme, Roxane essaie de vaincre sa dépression dans un autre espace, apparemment sans succès.

Sans que ce soit un récit autobiographique, le roman reprend certains éléments de la vie de l'auteure Chahdortt Djavann : la famille qui provient de l'Azerbaïdjan, son opposition au régime, l'arrivée en Turquie, puis en France, les difficultés de l'apprentissage du français, la dépression et la tentative de suicide. Cependant, le manque d'identité entre l'auteur, le narrateur et le personnage ne nous permet pas de placer le récit de Djavann sous le signe d'une autobiographie pure[1]. L'auteur d'ailleurs s'y oppose elle-même : « Je ne crois pas à l'autobiographie. Nul ne se voit comme il voit les autres et comme les autres le voient. Nul ne se décrit ni ne se juge comme les autres le décrivent et le jugent[2]. » Ce n'est pas nécessairement une contradiction, car l'autobiographie nous apprend encore une fois que la fiction fait partie de la vie et que la vie peut être fictionnalisée. La mise en discours de sa propre vie ne peut jamais être complète, quelque complexe qu'elle soit, les écrits autobiographiques étant quasiment par définition marqués par l'incomplétude et l'inexactitude, par des « blancs[3] ». Il est réellement, matériellement, temporellement impossible de décrire toute sa vie. On fait des choix, on raconte ce qui semble important et pertinent, on cache volontairement des détails, on oublie des choses, on raconte son propre point de vue, subjectif, sur les événements. De plus, l'étude de plusieurs œuvres de la littérature – féminine en particulier – francophone de l'espace arabo-musulman nous a montré un trait commun de ces écrits : il y a une réticence de la part des auteurs et auteures d'admettre l'appartenance de leurs récits au genre autobiographique, malgré l'existence de détails qui la prouvent. Il s'agit le plus probablement d'une non-acceptation inconsciente du fait d'exposer et de s'exposer au public, due à un héritage de la culture d'origine, qui veut que l'existence individuelle s'efface face à l'appartenance à une communauté et qui interdit presque l'utilisation du « je ».

1 Laetitia Nanquette classifie le roman de l'iranienne comme roman à thèse allant de l'autofiction néo-orientaliste à l'autobiographie. Voir *Orientalism versus Occidentalism : Literary and Cultural Imaging between France and Iran since the Islamic Revolution*, Londres/New York, I. B. Tauris, 2013.

2 Chahdortt Djavann, *Je ne suis pas celle que je suis*, Paris, Flammarion, 2011, p. 510.

3 Beatrice Didier, « Les blancs de l'autobiographie », dans Jean-Claude Mathieu, *Territoires de l'imaginaire. Pour Jean-Pierre Richard*, Paris, Le Seuil, 1986, p. 137-156.

VIVRE À TRAVERS UNE LANGUE
L'expérience de la reconstruction de l'identité en changement

La question de la langue est une problématique longuement et depuis longtemps discutée dans la communauté scientifique, notamment lorsqu'il s'agit de la littérature de la migration. La littérature francophone contient souvent en soi-même le questionnement de la langue. Outre les cas des littératures belge, suisse ou québécoise, elle est produite par des écrivains dont le français n'est pas la langue maternelle. Les littératures maghrébines ou celle de l'Afrique subsaharienne sont, en général, produites par des auteurs dont le bilinguisme s'est formé dès l'enfance, par l'intermédiaire de l'école. L'apprentissage du français, dans ce cas de figure, n'est pas une question de choix, ou du moins ce n'était pas le choix des enfants eux-mêmes, mais plutôt celui de leurs parents. C'est pourquoi, il ne pose pas non plus trop souvent la question de la langue comme instrument de construction d'une autre réalité, puisqu'elle est acquise presque mécaniquement, dans le pays d'origine des écrivains. Le cas des auteurs francophones qui ont appris la langue française à l'âge adulte est donc très intéressant, dans la mesure où, comme le fait Chahdortt Djavann, leurs œuvres se posent elles-mêmes la question de la langue, la décortiquent, l'exposent et tentent de l'expliquer. Ce sont le plus souvent des écrivains en situation d'exil, qui ont fait un choix, personnel, plus ou moins volontaire, mais cela reste un choix conscient. La langue devient alors elle-même un choix, beaucoup moins volontaire parce que lié intrinsèquement à celui du pays de résidence. Certains écrivains arrivent dans leurs pays d'accueil en maîtrisant déjà la langue de ce pays, ce qui aide à leur intégration, car ils ont déjà l'outil de communication nécessaire et l'approche de ce nouvel environnement est en quelque sorte déjà entamée. D'autres doivent l'apprendre sur place. Leur situation est beaucoup plus complexe, parce que l'absence de cet instrument indispensable les oblige à construire le nouvel univers en balbutiant, en commettant des erreurs, en créant des malentendus, bref en étant déjà exposés comme étrangers.

À travers tout le roman de Chahdortt Djavann, la langue française est présente d'une façon qui devient presque obsessive (à un moment donné, Roxane fait même des cauchemars à cause de ce difficile apprentissage). Elle est tellement présente à travers le roman qu'on pourrait la considérer comme un personnage du récit et, ne serait-ce la prise de parole de Roxane à travers ses lettres à Montesquieu, nous aurions même dit qu'il s'agit du véritable personnage principal.

L'univers de la vie parisienne est d'ailleurs très pauvre en personnages : à part Roxane, il y a Kim, le voisin coréen pour lequel Roxane a un coup de foudre, Julie, l'employeuse de Roxane et sa fille Clara, le traducteur iranien qui l'aide à obtenir son permis de séjour et quelques trois ou quatre autres personnages épisodiques sans importance. La vie iranienne de Roxane était beaucoup plus peuplée, en raison notamment de sa grande famille. Cette opposition devient éloquente justement sous l'emprise de la question linguistique, quand on pense à l'esseulement auquel est exposée Roxane en raison de son incapacité de s'exprimer : « Le problème, c'était la pratique. Roxane n'avait personne à qui parler en français. [...] Pour échanger une phrase digne de ce nom avec un Parisien ou une Parisienne, il aurait fallu attendre des mois, voire des années[4]. » Comme nous l'avons dit précédemment, la langue est non seulement un instrument de communication, mais elle est en premier lieu un repère fondamental dans cet univers inconnu : « Le français s'écrivait difficilement, trouva-t-elle. Ces verbes – s'appeler, avoir, être, habiter, – quelque élémentaires qu'ils fussent, étaient le signe d'un premier contact avec le nouveau monde[5] ». La décision d'apprendre le français en prenant des cours à l'Alliance française s'avère mauvaise. La raison déclarée est le rythme lent dans lequel on avance, l'ennui, le besoin d'« apprendre la langue dans le texte, dans le contexte. Elle voulait lire les grandes œuvres, les grands auteurs et tout de suite. Seulement pour lire, encore fallait-il savoir lire[6]. » La raison réelle est plutôt son impossibilité psychique de répondre aux questions intimes, traumatisantes, qui impliquent une invasion de son passé dans le présent et une impossibilité de répondre : « – As-tu des frères ou des sœurs[7] ? » Roxane ne sait pas le nombre de ses frères et sœurs, elle apprend très tard la nouvelle que celle qu'elle considérait comme sa mère était en fait sa sœur.

4 Chahdortt Djavann, *Comment peut-on être français ?*, Paris, Flammarion, 2006, p. 50.
5 *Ibid.*, p. 40.
6 *Ibid.*, p. 48.
7 *Ibid.*, p. 41.

Vues les circonstances difficiles à endurer, elle décide donc de devenir autodidacte et se livre à ce qui deviendra vite un vrai combat avec la langue française. Elle lit de la littérature et cherche les mots dans le dictionnaire pour connaître leur sens. Les difficultés sont nombreuses, à commencer par la multitude de mots inconnus qui freine sa lecture et son avancement. Évidemment, elle ne peut pas retenir tous les mots qu'elle écrit dans son cahier et cela lui crée déjà des frustrations, notamment quand elle veut écrire dans son cahier un mot et elle découvre qu'elle l'avait déjà écrit auparavant mais ne l'avait pas retenu. On peut aussi imaginer son désarroi devant la polysémie des mots ou bien devant les sens connotatifs ou les expressions figées. Les verbes avec leurs conjugaisons, mais tout particulièrement les articles posaient les plus grandes difficultés à l'apprentie Roxane :

> Le persan, « fârsi », est une langue sans sexe, androgyne si l'on veut. On ne dit pas « le fârsi », ou « la fârsi », on dit juste « fârsi ». Pas de « la », pas de « le », pas d'histoire avec la masculinité et la féminité dans cette langue ; il y en avait déjà assez avec les êtres humains, et ça suffisait largement. Grandie sous le régime des mollahs, Roxane en avait gros sur le cœur avec les problèmes de masculinité et de féminité ; ce n'était pas le moment d'en rajouter avec le sexe des mots[8].

L'apprentissage d'une langue étrangère ne peut jamais se faire sans un passage obligé par la langue d'origine. Une fois la langue maternelle acquise naturellement et le cerveau formaté selon les règles de celle-ci, tout ce qui vient s'ajouter plus ou moins tardivement se fondera nécessairement sur ces bases naturelles. Les plus grandes difficultés apparaissent lorsque les différences entre les deux sont nombreuses, lorsque les deux langues ne font pas partie de la même famille, lorsqu'elles n'emploient pas le même alphabet. L'adaptation au nouvel environnement passera en quelque sorte par un processus de traduction. Le besoin de Roxane de se rapporter au persan est donc naturel et compréhensible, autant du point de vue linguistique que du point de vue psychologique.

Roxane est venue en France pour échapper au passé, pour oublier le malheur et se reconstruire dans un autre monde, complétement différent du sien. Après avoir quitté l'Iran, elle aurait pu rester en Turquie, mais la similarité culturelle ne l'aurait pas aidée à se rétablir après l'expérience

8 *Ibid.*, p. 57.

traumatisante du viol. Elle est venue en France à la recherche d'une expérience qui lui aurait permis de se remettre, de retrouver un autre chemin dans la vie, d'oublier. Et cela peut se passer par le renoncement à sa langue maternelle, pense Roxane :

> Une langue n'existe que dans un lieu, dans un pays, dans le cœur et la bouche des gens qui la parlent, elle raconte l'histoire d'un peuple, traduit le monde où elle vit, dit la vie [...]. Cette langue était devenue malgré elle complice d'une histoire calamiteuse et infamante [...]. Alors Roxane ferma à jamais son dictionnaire persan, car cette langue entaillait son être, faisait saigner sa mémoire blessée. Trop de souvenirs douloureux étaient intimement liés au persan. Non, le persan n'avait aucune place dans ce monde français[9].

Ce processus d'apprentissage de la langue crée une disjonction psychologique forte. Roxane se crée une double voix intérieure, Roxane persanophone et Roxane francophone, arbitrées par une troisième Roxane, « Madame l'agent de la langue », cette dernière avait le but de sanctionner les fautes de la Roxane francophone, en veillant au respect des règles de la langue française. On ne peut pas ne pas observer le lien avec les agents du régime totalitaire iranien dont le but était de veiller au respect des règles de la morale islamique.

Que ce soit en Iran ou en France, Roxane vit le monde à travers la langue. Le désir de renoncer et de remplacer une langue, un espace, même une temporalité par d'autres, la tentative de changement de paradigme existentiel en quelque sorte, ne signifie et ne garantit pas la réussite de la reconstruction d'une nouvelle identité, du début d'une nouvelle vie et d'une distanciation-rupture par rapport au passé. Cette démarche sisyphique l'aide pourtant à affronter les angoisses et à avancer dans sa démarche volontaire ou involontaire de se reconstruire.

---

9 *Ibid.*, p. 101.

ENTRE RÉEL ET IMAGINAIRE
Revoir l'histoire, les droits humains et les (non)libertés françaises et iraniennes

Par le prétexte de l'apprentissage de la langue française, Roxane commence à étudier les *Lettres persanes* de Montesquieu, de plus à lui envoyer des lettres. Cette prise de parole lui donne l'occasion d'exprimer sa révolte contre les tares de la société iranienne et de questionner plusieurs sujets autour desquels Montesquieu lui-même avait construit son ouvrage : la condition féminine, l'exil, l'humanisme, la politique, l'économie, la religion. C'est un grand prétexte pour répondre par une interrogation rhétorique : « Comment peut-on vivre en 1379 en l'an 2000[10] ? »

Roxane s'insurge contre le système totalitaire et notamment contre les mentalités arriérées qui maintiennent le peuple dans un état de pauvreté civilisationnelle qui fait honte au passé illustre de l'ancienne Perse. Des contraires donnent une image claire de l'(in)civilisation des deux pays comparés : l'homosexualité légalisée en France – crime en Iran ; pédophilie crime en France – permise en Iran ; polygamie interdite en France – acceptée en Iran, etc. Tout n'est qu'un exercice de dissection du passé pour reconstruire un nouveau commencement, avec, malheureusement pour Roxane, toute l'incertitude que cela recouvre.

Les lettres sont aussi l'occasion de raconter sa difficile adaptation à la vie parisienne ; cela se fait aussi à l'aide de Julie et Clara, l'employeuse de Roxane et sa fille. Roxane apprend toute seule mais grâce aux expériences à côté de Julie et Clara à faire du vélo, à nager. Ces épisodes sont, en quelque sorte, l'enfance parisienne de Roxane, elle essaie de reprendre la vie depuis le début, pour se réinventer. Mais son passé la hante et la Roxane persanophone ne cesse de la harceler : « Crois-tu qu'avec un vocabulaire étranger fraîchement appris, on peut construire quoi que ce soit ? Foutaise ! Tu pourras construire peut-être un château de sable avec tes mots, mais pas une vie. Une vie ne se construit pas comme ça, il y faut toute une vie[11]. » Ce qui veut dire qu'elle ne réussira jamais à

10 *Ibid.*, p. 172.
11 *Ibid.*, p. 62.

se détacher complètement de son passé traumatisant. C'est d'ailleurs ce qui se passe vers la fin du récit, lorsqu'elle est arrêtée dans les rues de Paris et qu'elle fait un épisode de névrose en se rappelant soudain son arrestation à Ispahan. Il est intéressant à noter aussi que malgré le fait que l'auteure donne la parole à Roxane pour s'exprimer dans les lettres, l'épisode du viol d'Ispahan nous est raconté encore par le narrateur anonyme extradiégétique. Roxane semble complètement à l'aise avec la langue française dans ces lettres, elle raconte d'ailleurs beaucoup de choses sur l'Iran, mais elle n'est pas capable de raconter le traumatisme qu'elle avait vécu et qui a été finalement à la base de son départ de l'Iran. Elle semble faire de nouveau appel au mutisme de son enfance, sa façon à elle de faire face à une histoire extrêmement douloureuse. La Roxane persanophone l'avertit d'ailleurs : « – Tu pourras parler le français, mais jamais, au grand jamais, tu ne pourras te dire en français[12]. » Le français, malgré tous ses efforts, ne pourra jamais exprimer son identité, son vécu, son expérience, parce qu'il ne lui sera jamais naturel. On retrouve la même idée chez Mircea Eliade qui considérait que seule la langue maternelle peut donner la capacité d'exprimer le vécu, que son caractère naturel était le seul à pouvoir faire ressortir les questions liées à l'intimité[13]. Émile Cioran, que le même Eliade jalousait presque de pouvoir écrire en français, disait : « On n'habite pas un pays, on habite une langue[14]. » Chahdortt Djavann, qui avait d'ailleurs étudié Cioran pour sa thèse, écrit : « L'expérience douloureusement vécue de ces tiraillements quotidiens, l'étrangeté d'une langue étrangère qui se refusait à elle et qui la refusait lui firent sentir ce qu'était l'exil, ce qu'était d'être exilée. L'exil c'était la langue[15]. » Ce qui finalement veut dire la même chose. Le récit ne raconte pas la vie de Roxane à Paris, il raconte la vie de Roxane à l'intérieur de la langue française, ses efforts

---

12 *Ibid.*, p. 104.

13 Mircea Eliade, *Fragments d'un Journal I, 1945-1969*, Paris, Gallimard, 1973, p. 12. « Aujourd'hui, chez Mme R.R., j'ai rencontré Ilarie Voronca que je n'avais plus vu depuis 1933. Il me parle de la tragédie qu'est pour lui la composition des poèmes dans une autre langue que la langue maternelle. Comme je le comprends ! Mais les difficultés que j'éprouve à écrire en français des essais ou de la prose scientifique ne sont pas comparables à celles qu'a dû affronter Voronca. Comment fait-il pour réussir ? D'autre part il est évident que la poésie de Voronca en langue française est autre chose que ce qu'il aurait écrit s'il avait continué à s'exprimer en roumain. »

14 Émile Cioran, *Aveux et Anathèmes*, Paris, Gallimard, coll. « Arcades », 11, 1987.

15 Chahdortt Djavann, *Comment peut-on être français ?*, *op. cit.*, p. 64.

pour s'y établir et s'y adapter. Si elle arrive à trouver une relative stabilité sur ce nouveau terrain, c'est à travers la littérature. Elle connaît Paris en prenant les rues qu'elle connaissait de ses lectures, elle apprend la langue en lisant les œuvres des grands classiques (on suit le fil de ses lectures grâce aux adresses qu'elle met sur les lettres à Montesquieu) et le seul lien qu'elle garde avec le persan est toujours la littérature : les livres des grands poètes de l'Iran qu'elle garde avec soin. La langue et la littérature semblent donc avoir un lien intime dans la conception de Roxane.

En lisant les lettres de Roxane, on se rend compte que le temps écoulé, l'écart temporel, l'évolution temporelle des siècles n'apportent pas nécessairement une évolution réelle, des changements positifs dans les mentalités et les perceptions, ne garantissent pas de droits égaux pour les citoyens, qu'ils soient autochtones ou étrangers, le fait d'obtenir des droits et libertés n'étant pas une condition *sine qua non* de la possibilité de leur exercice, ni de la capacité de leur assomption et de leur appropriation. L'épisode de l'emprisonnement de Roxane est révélateur.

CONCLUSION

L'absence de la liberté conduit à une quête permanente, une recherche de ce qu'on n'a pas, le plus souvent d'un idéal, d'une reconstruction personnelle et imaginaire de ce qui manque. Quand on n'a pas la liberté pendant l'enfance, quand on ne l'a pas en tant que femme adulte, on crée une image qu'on essaie de retrouver dans la lutte avec un nouvel espace culturel, social, économique, religieux et politique. Qu'une femme s'exprime n'est pas un droit inné pour Roxane, elle est maladroite en Iran ainsi qu'en France[16]. D'ailleurs, dans sa démarche pour se reconstruire, elle se rend compte de l'absurde de l'existence humaine et agit, heureusement, cette fois-ci, sans succès. Elle ne réussit pas à se suicider. Comme dans le cas d'autres romans de la littérature féminine arabo-musulmane que nous avons étudiés à d'autres occasions, on peut

16 *Ibid.*, p. 141. « Les femmes [...] sont toujours obligées à une continence forcée, entravées dans leur épanouissement sexuel, physique et intellectuel. »

observer cette tendance à analyser l'absurde de l'existence, une démarche sisyphique des personnages dans leur quête de la transcendance et de la reconstruction d'une nouvelle identité. Le futur de Roxane est incertain, mais dans l'absence d'un dénouement clair, sous l'image d'un printemps ensoleillé, chaud et doux, nous pouvons imaginer Roxane comme un Sisyphe un jour heureux[17], malgré la nécessité de remonter chaque jour la même montagne, en traversant des états contraires (gaité, tristesse, nostalgie, angoisse, bégaiement, atonisme, bonheur, chaos, solitude, nostalgie, dépression, etc.). Se transcender pourrait être un but, renaître un autre. La double mort de Roxane (le viol et la tentative de suicide) pourrait finalement la sauver.

En analysant la notion d'« unité narrative de la vie », Paul Ricœur aborde le thème de la mixité « instable entre fabulation et expérience vive[18] ». C'est l'impression que le roman de Chahdortt Djavann nous donne. De plus, l'expérience de la double mort offre non seulement aux lecteurs l'apprentissage du mourir à plusieurs reprises, mais aussi à Roxane la maîtrise inconsciente de sa propre vie par l'expérience du deuil de soi-même :

> Quant à la mort, les récits que la littérature en fait n'ont-ils pas la vertu d'émousser l'aiguillon de l'angoisse en face du rien inconnu, en lui donnant imaginairement le contour de telle ou telle mort [...] ? Ainsi la fiction peut-elle concourir à l'apprentissage du mourir. [...] En tant que contre-désolation, la consolation peut être une manière lucide – lucide comme la catharsis d'Aristote – de mener le deuil de soi-même. [...] Un échange fructueux peut s'instaurer entre la littérature et l'être-pour-(ou envers)-la-mort[19].

Peut-on se sauver en comprenant la vie sous la forme d'un éternel recommencement, en interrogeant la culture classique française et la question de la citoyenneté, même si on ne naît pas sous le ciel français ? Sans les conditions d'une vie traumatisante, l'épisode français de Roxane aurait pu être heureux, mais alors la différence entre le Paris réel et celui imaginaire n'aurait pas été révélée. Quoique l'histoire nous paraisse déprimante, notre héroïne réussit, à plusieurs reprises, à passer toutes

---

17 Albert Camus, *Le mythe de Sisyphe*, Paris, Gallimard, coll. « Folio », 1964 [1942], p. 168 : « La lutte elle-même vers les sommets suffit à remplir un cœur d'homme. Il faut imaginer Sisyphe heureux. »

18 Paul Ricœur, *Soi-même comme un autre*, Paris, Le Seuil, 1990, p. 192.

19 *Ibid.*, p. 90.

les épreuves initiatiques rencontrées : le voyage, le travail, l'université, le français, le vélo, la natation, même le suicide qu'elle rate. C'est un long chemin vers le ciel *bleu et clair*.

Larissa LUICĂ et Simona NECULA
CEREFREA
Université de Bucarest

DU PURISME INCARNÉ DANS *GIAMBATISTA VIKO OU LE VIOL DU DISCOURS AFRICAIN* (1975) DE GEORGES NGAL

au détournement de la langue française dans *La vie et demie* (1979) de Sony Labou Tansi

« *Être, venir d'ailleurs et écrire en français* » est une réflexion qui ne cesse de susciter les questionnements. Dans certains pays jadis colonisés, la question de la langue revêt une posture idéologique très chargée, allant jusqu'à se mouvoir dans un nationalisme obsédant. La position revient dans plusieurs discours privilégiant la quête identitaire, se radicalisant dans le rejet de l'Autre et parfois même de sa langue. Cette approche est, le plus souvent, comme le soupçonnent beaucoup de penseurs, une rupture avec le nouvel impérialisme post-indépendant[1]. C'est, pensent-ils, une autre facette pour faire face à la logique impériale, qui vise à réarticuler les imaginaires des peuples *anciennement* conquis. Quelle langue choisir pour la représentation de quels imaginaires ? Ces *imaginaires* (au pluriel) et cette *langue* (au singulier) montrent combien la question qui paraît simple pourrait générer diverses postures intellectuelles aussi divergentes les unes les autres. C'est ce qui motive la thématique de la présente contribution.

Toutefois, l'on ne pourrait avancer sans souscrire aux propos de Lise Gauvin pour qui « la situation des écrivains francophones hors de France a ceci d'exemplaire que le français n'est pas pour eux un acquis mais plutôt le lieu et l'occasion de constantes mutations et modifications[2] ». L'entreprise trouve sa maturation dans la « surconscience linguistique[3] »

---

1 Voir à ce propos Ngugi wa Thiong'o, qui écrit en kikuyu au détriment de l'anglais, et Boubacar Boris Diop, qui use aussi de sa langue maternelle, le wolof.

2 Lise Gauvin, *L'écrivain francophone à la croisée des langues. Entretiens*, Paris, Karthala, coll. « Lettres du Sud », 2000, p. 5.

3 *Ibid.*, p. 6.

qui permet diverses opérations sur la langue afin de créer un langage dans cette étincelle qui jaillit de la confrontation avec d'autres langues. Dans le roman *Giambatista Viko ou le viol du discours africain* de Georges Ngal, le projet littéraire se manifeste dès l'incipit. Il découle d'une prise de conscience du sujet par la juxtaposition d'interrogations et d'injonctions :

> Pourquoi ce cycle infernal dans lequel on nous enferme ? En sortir ? Par quel sortilège ? Si impossible n'est pas français, possible n'est pas plus français que nègre ! Diable ! Quel saint invoquer[4] ?

Le ton n'a point les allures d'une victimisation. C'est un cri de révolte pour sortir de « l'imaginaire infernal dans lequel [les] écrivains nègres [sont] emmurés[5] ». Et ces interrogations en appellent à des défis pour titiller les puristes de la langue française. « Moi qui ai juré d'être le Chateaubriand de l'Afrique[6] » : tel est le projet de Giambatista, le personnage éponyme du roman de Ngal. Cette projection du puriste est une sorte de bravade contre le discours hégémonique afin de montrer que le sujet jadis colonisé a atteint une maturation intellectuelle qui lui permet de s'approprier la langue de l'Autre et de s'en délecter. Cette revendication du patrimoine de la langue française pousse, à bien des égards, à une ouverture vers d'autres territoires pour briser les frontières linguistiques, rendre poreuses les cultures et faire converger des variantes linguistiques. C'est en ce sens que Giambatista Viko, le personnage éponyme de Georges Ngal, se propose d'écrire un roman sur le modèle du conte, tout en se gardant de trouver ses recettes dans le savoir occidental, dans le discours hégémonique. Ce projet constitue le nœud de l'intrigue de ce roman.

Loin de prendre la même direction, Sony Labou Tansi propose expressément « [d'écrire] par étourderie, [...] de [parler] en chair-mots-de-passe[7]. » Il adopte une autre posture de l'écrivain francophone, celle qui se rebelle contre la langue de l'Autre fétichisée et agent de sa déchéance. « Comment écrire alors que ton imaginaire s'abreuve, du matin jusqu'aux rêves, à des

4 Georges Ngal, *Giambatista Viko ou le viol du discours africain* [1975], Paris, L'Harmattan, 2003.

5 *Ibid.*, p. 8.

6 *Ibidem.*

7 Sony Labou Tansi, *La Vie et demie*, Paris, Le Seuil, 1979.

images, des pensées, des valeurs qui ne sont pas les tiennes ? Comment écrire quand ce que tu es végète en dehors des élans qui déterminent ta vie ? Comment écrire, dominé[8] ? ». Ce condensé d'interrogations de Patrick Chamoiseau pourrait être une recette pour évaluer le style littéraire de Sony Labou Tansi et de Georges Ngal, mais il justifie aussi les positions différentes assumées par l'un et l'autre.

C'est sous cet angle du rapport à la langue que nous orientons notre réflexion.

QUELLE LITTÉRATURE POUR QUEL SUJET ?

Chez Ngal comme chez Tansi, le projet littéraire a une visée assez claire. Ce sont des romans avec beaucoup d'interrogations et d'injonctions pour méditer sur le vécu du sujet africain, tout en utilisant la langue comme mobile pour la réalisation de ce projet. Plus précisément, c'est une littérature qui s'inscrit dans un contexte social assez spécifique pour faire penser le sujet à l'intérieur du roman et décliner sa subjectivité afin de permettre de penser autrement.

Le sujet postcolonial est en révolte et se permet de repenser sa société, ses imaginaires les plus bouleversants même, parfois. La mise en garde de Sony Labou Tansi est claire : « J'invente un poste de peur en ce vaste monde qui fout le camp. À tous ceux qui cherchent un auteur engagé, je propose un homme engageant[9]. »

Ainsi l'écrivain essaie de dire la subjectivité du sujet postcolonial mais il se trouve confronté à un entre-deux culturel qui amenuise ses efforts. C'est un des dilemmes de l'écrivain francophone dont la démarche vise à articuler sa production littéraire dans une sorte de contre-discours pour se démarquer d'une certaine logique coloniale. Le sujet est toujours dans une dynamique de la confrontation, d'un face-à-face, parce que condamné à penser le flux de son histoire, ses imaginaires, les discours qui le peignent, sa langue d'écriture pour sortir de l'impératif d'une littérature mimétique et donner une vision précise de sa réalité. Cette écriture a souvent

8 Patrick Chamoiseau, *Écrire en pays dominé*, Paris, Gallimard, 1997.

9 Sony Labou Tansi, *La Vie et demie*, *op. cit.*, p. 9.

une référence : la langue française, qui veut être le centre de toutes ces littératures qu'elle nomme, déclasse et prostitue à sa guise et se proclame le lieu idéal où doivent surfer toutes ces littératures mineures. C'est dans cet imaginaire que beaucoup d'intellectuels africains essaient de trouver une assise. Souvent c'est une écriture risquée qui vacille entre différents espaces géographiques et différentes cultures. Cette dualité constitue même l'univers obsédant dans lequel évolue la quasi-totalité des écrivains francophones. Et l'univers européen, la pensée cartésienne devient l'idéal auquel ils aspirent et, quand la maturation est atteinte, ils se rendent compte du drame, de l'écart. Mudimbe rapporte ainsi une expérience :

> Au sortir d'un texte de M. Foucault dans lequel il insiste sur la permanence de Hegel dans la philosophie contemporaine, j'ai cru comprendre la violence non seulement de l'existence du Père, mais aussi de l'étrangeté de son odeur[10].

La même idée se lit dans presque tous les projets impériaux. Les romans que l'on pourrait lire tels des essais, à cause de cette confrontation dialectique qui met les sujets en concurrence afin de dégager les subjectivités d'un vécu, en sont de fort belles illustrations. Giambatista semble faire le procès et juge le bilan de ses lectures des productions ethnologiques : « La science occidentale notamment sous sa forme ethnologique traduit son incapacité à rejoindre la subjectivité de ceux qu'on appelle abusivement primitifs[11]. »

L'ailleurs, le pays jadis colonisé, sous le joug d'un impérialisme, et l'Europe, le centre, qui pense et fait penser le sujet, se trouvent en confrontation dans les deux textes. Si Labou Tansi évoque une période postcoloniale qui est une continuité de l'impérialisme, chez Ngal, on est dans une confrontation discursive qui cautionne ou invalide et préfère toujours se mouvoir dans le cogito cartésien pour, à la fin, peser les différentes recettes de ses réflexions sur la balance des méditations philosophiques de Giambatista. Son projet semble louche et il n'a de cesse de le mentionner : « Emboiter en effet un discours pris dans une culture différente dans un autre dont le suc est constitué de thèmes, de symboles, de mythes spécifiques, paraît une gageure[12]. » Alors, l'on

10 Valentin-Yves Mudimbe, *L'autre face du royaume : Une introduction à la critique des langages en folie*, Lausanne, L'Âge d'Homme, 1973, p. 12.

11 Georges Ngal, *Giambatista Viko ou le viol du discours africain*, *op. cit.*, p. 96.

12 *Ibid.*, p. 108.

est en pleine confusion pour cerner le sujet du discours mais aussi le discours du sujet. Être d'ailleurs, c'est être dans les limites d'un discours déjà pensé par le maître que le sujet *autonome* doit encore repenser et reconfigurer et ainsi proposer de nouvelles recettes discursives. Le choc demeure le maître-mot sur lequel tirer ces recettes. Et cette fois-ci l'Afrique ne serait plus un laboratoire d'anthropologues, mais une production savante, *philosophante* d'une littérature qui s'autocrée et qui se promeut dans les injonctions de Giambatista :

> La connaissance profonde de l'Afrique passe par l'interprétation des signes et des symboles [...] L'écriture doit se faire elle-même signe et symbole, univers de correspondances[13].

Toutefois, cette piste est loin d'être choisie et le héros se complait dans ses choix qui s'abreuvent des livres de ses maîtres-à-penser : « Mes écrits impressionnent. La clé ? Les références. L'Encyclopedia Britannica produit ses effets[14]. » Et ce discours semble trouver ses repères dans le croisement des sciences, dans l'altérité. Pourtant son projet n'aboutit pas à une fin heureuse, ce qui prouve encore la complexité de la rencontre et l'enchevêtrement des discours. Parfois la réplique est loin d'être douce.

Au contraire d'un discours enchanteur, Labou Tansi semble plus radical et cherche son sujet dans la société postcoloniale victime de plusieurs dérives :

> Et à l'intention des amateurs de la couleur locale qui m'accuseraient d'être cruellement tropical et d'ajouter de l'eau au moulin déjà inondé des racistes, je tiens à préciser que *La Vie et demie* fait ces taches que la vie seulement fait. Ce livre se passe entièrement en moi. Au fond, la Terre n'est plus ronde. Elle ne le sera jamais plus. *La Vie et demie* devient cette fable qui voit demain avec des yeux d'aujourd'hui[15].

Dans l'éclatement des normes, dans la démesure, dans cette crise postcoloniale, le romancier veut recréer un cadre où le sujet francophone essaie de retrouver son moi dans l'entremêlement des sujets en concurrence. C'est une écriture de la catastrophe, pourrait-on dire, qui se lit dans la narration d'une société bouleversée.

---

13 *Ibid.*, p. 91.
14 *Ibid.*, p. 44.
15 Sony Labou Tansi, *La Vie et demie*, *op. cit.*, p. 10.

Bernard Mouralis semble trouver une conclusion assez claire pour cautionner cette littérature qui essaie de s'insérer dans une certaine subjectivité afin de penser les sociétés dans leurs entités constituées mais aussi dans leur affect afin de pouvoir faire émerger un sujet autonome :

> La « littérature » n'est pas seulement cette construction – valeur, institution, système – dont la réalité concrète s'appréhende à travers le corpus des œuvres qui la constituent. Sa signification réside aussi dans les implications idéologiques qui sous-tendent sa mise en place, son fonctionnement, et plus encore, sa transmission[16].

Cette assertion constitue une illustration qui valide certaines prises de position du sujet postcolonial telles que mises en pratique dans ces deux romans.

ÉCRIRE EN FRANÇAIS OU LE PROCÈS POSTCOLONIAL

Pour l'écrivain francophone, écrire en français devient un dur labeur puisque son univers est condensé dans un autre ordre. La colonisation a commencé par l'imposition d'une langue qui doit accompagner et propager le discours colonial. La langue locale est dévaluée et réduite au dialecte. D'où le cri de révolte de Chamoiseau après son amer constat : « Tu veux me réduire au bégaiement, au zézaiement à l'idiotie, je vais systématiser le bégaiement, la traîne, pour que tu t'y perdes mais aussi pour marquer l'empreinte de la ruse et de la résistance[17] ». Le procès se décline dans la logique d'une langue qu'il faudrait revigorer et dompter puisqu'elle est symboliquement surchargée. Ainsi l'écriture devrait maintenant être un moyen pour « décoloniser l'esprit », pour parler comme Ngugi. De l'Afrique aux Îles Caraïbes, la langue française revêt une certaine posture, différente d'un espace à un autre, rivalisant avec les langues ataviques sacrifiées aux impératifs

16 Bernard Mouralis, *Les contre-littératures*, Paris, Presses Universitaires de France, 1975, p. 26.

17 Cité par Lise Gauvin, « L'imaginaire des langues », in Jacques Chevrier (dir.), *Poétiques d'Édouard Glissant*, Paris, PUF, 1993.

d'une politique coloniale, comme le rappelle Chamoiseau : « Autour de moi, la colonisation avait mené discours. Elle avait nommé. Elle avait désigné. Elle avait expliqué[18] ».

Dans cet artefact langagier faisant le triomphe du français et dévaluant les langues locales au statut de dialectes, l'écriture n'est qu'un projet contre-discursif, de déconstruction permanente de la logique du centre. Elle devient le lieu de confrontation des univers symboliques, de conjonction avec l'altérité. Giambatista qui a les yeux dessillés soliloque :

> L'écriture m'apparaît de nouveau comme ce délicieux havre de jouissance. Lieu où se résolvent les conflits. Miroir de la réconciliation avec nous-mêmes vers les autres. Sortie de nous-mêmes vers les autres. Prise sur l'altérité[19].

Cette altérité tant recherchée n'est qu'une manière de mettre les identités en face à face et de faire le procès d'une situation postcoloniale. Et la voix qui s'élève dès le début du texte semble plaider pour tous les écrivains écrivant dans une langue autre :

> Pourquoi ce cycle infernal dans lequel on nous enferme ? En sortir ? Par quel sortilège ? Si impossible n'est pas français, Possible n'est pas plus français que nègre ! Diable ! Quel saint invoquer[20] ?

La quadruple interrogation encadrant la double injonction permet de faire voir l'urgence de la question. Et le sujet est cité nommément : « ... Pourquoi ce cycle infernal dans lequel nous, écrivains nègres, sommes emmurés ? » L'interrogation épouse une formule emphatique pour décliner une identité précise : « Les écrivains nègres », et leur sort est réduit au mimétisme littéraire, une périphérie qui se contente de dire par les mots du Centre et d'imiter son discours. C'est là où Sony Labou Tansi paraît plus brutal dans ses positions :

> J'écris en français parce que c'est dans cette langue-là que moi-même j'ai été violé. Je me souviens de ma virginité. Et mes rapports avec la langue française sont les rapports de force majeure, oui finalement[21].

18 Patrick Chamoiseau, *Écrire en pays dominé*, *op. cit.*, p. 105.

19 Georges Ngal, *Giambatista Viko ou le viol du discours africain*, *op. cit.*, p. 9.

20 *Ibid.*, p. 7.

21 Prononcé au colloque « L'Enseignement des littératures Africaines à l'Université » organisé par le Département de Littératures et Civilisations Africaines (Université Marien Ngouabi), 23-24 janvier, 1981, en ligne.

C'est une manière de révolte contre la logique de la langue imposée, pour montrer la bâtardise du viol linguistique et proposer une manière de riposte afin de proposer une nouvelle littéralité qui, dans ses différentes articulations, permet de théâtraliser le procès d'une mémoire coloniale et de nommer les turpitudes du sujet postcolonial. Tous les sujets sont symboliquement représentés et ont voix dans ce procès. Chez les deux écrivains l'on n'est plus dans un projet de victimisation, mais c'est une neutralité pleinement assumée pour inculper et disculper, culpabiliser et déculpabiliser les sujets. Ils ne tranchent pas mais ils essaient juste de présenter une sociologie de la nouvelle société post-indépendante avec toutes ses imprégnations idéologiques. L'ailleurs et l'ici trouvent leur conjonction dans ces ressacs et permettent ainsi de légitimer le procès.

Sony Labou Tansi donne presque ses directives et les assume pleinement :

> *La Vie et demie*, ça s'appelle écrire par étourderie. Oui. Moi qui vous parle de l'absurdité de l'absurde, moi qui inaugure l'absurdité du désespoir – d'où voulez-vous que je parle sinon du dehors ? À une époque où l'homme est plus que jamais résolu à tuer la vie, comment voulez-vous que je parle sinon en chair-mots-de-passe ? J'ose renvoyer le monde entier à l'espoir, et comme l'espoir peut provoquer des sautes de viande, j'ai cruellement choisi de paraître comme une seconde version de l'humain – pas la dernière bien entendu – pas la meilleure – simplement la différente[22].

Loin d'être une farce, c'est une projection – parfois même – dans la démesure pour rendre à l'homme sa dignité dans cette période de basculement. Les gardiens des sanctuaires africains quant à eux, dans le roman de Ngal, essaient de sauvegarder leur patrimoine et vivent dans le repli identitaire et leur mise en garde est claire : « Malheur à quiconque ose recourir à nous pour servir des intérêts étrangers[23]. » En sus, c'est une manière de se démarquer de la logique occidentale pour entrer en contact avec l'authenticité africaine. Ce n'est pas du tout une sinécure de réaliser pareille entreprise puisque l'écriture est toujours le lieu de bataille. Le constat d'échec est souvent remarqué par le héros de Ngal qui se voit dans les plaintes de l'écrivain algérien Jean Amrouche. L'intertextualité est assez révélatrice : « Nous sommes un champ de

22 Sony Labou Tansi, *La Vie et demie*, *op. cit.*, p. 109.
23 Georges Ngal, *Giambatista Viko ou le viol du discours africain*, *op. cit.*, p. 28.

bataille. L'écriture est le lieu d'expression. [...] Le style toujours soumis à la torture : notre nom propre est notre identité[24]. »

L'identité extirpée au fil des siècles demeure un des points de réflexion central du projet littéraire. Il importe de trouver son authenticité dans la langue de l'autre. Se dire dans une autre langue équivaudrait-il à s'adonner à la défaillance, à la perte, à la chute ? Les points de vue sont partagés et le procès ne semble jamais facile. Si certains voient en cette langue imposée une possibilité de dialogue, d'altérité, une manière de marier les espaces afin que puisse éclore *l'intraitable beauté du monde*, pour parler comme Édouard Glissant, chez d'autres, des revendications nationalistes obsédantes bloquent toute possibilité de dialogue, se cramponnant ainsi dans les injonctions du repli identitaire. Et le dialogue a des vertus salvatrices. Olinibrus, le disciple, fait la remarque à son maître adulé, Giambatista : « Une vague d'africanisation balaye actuellement le pays. Nous sommes faibles. Un retour au pays, c'est notre mort[25] ». C'est en ce sens que Giambatista est condamné pour avoir commis l'erreur de vouloir écrire un roman sur le modèle du conte et de désacraliser ainsi l'oralité au profit de l'écriture. Cette faiblesse trouve ses résonnances dans toute volonté de communier avec une autre culture, une autre langue parce que selon Mudimbe :

> Il faut savoir que toute lecture est arrangement ; qu'en plus de la présence, discrète ou indiscrète, avouée ou non, d'équations socioculturelles, elle comporte un coefficient singulier de déformation du regard du chercheur[26].

Néanmoins cette écriture, loin de faire chavirer l'Africain dans une autre identité, lui procure les armes de sa propre existence, lui permet de faire son propre procès afin de pouvoir dire le sujet postcolonial. « J'écris pour qu'elle fasse peur en moi[27] » : tel est le vœu de Sony Labou Tansi dès sa préface, ce qui prouve encore l'obsession de la question de l'écriture pour discourir sur le sujet postcolonial. Et cette écriture revêt des vertus pour la réadaptation du psychisme du sujet afin de le libérer de ses angoisses existentielles. Giambatista clame : « J'ai toujours cru

24 *Ibid.*, p. 49.
25 *Ibid.*, p. 31.
26 Valentin-Yves Mudimbe, *L'autre face du royaume : Une introduction à la critique des langages en folie*, *op. cit.*, p. 93.
27 Sony Labou Tansi, *La Vie et demie*, *op. cit.*, p. 9.

que l'écriture apportait une singulière réponse à l'existence. Toujours vu un instrument de libération, la solution à mes drames[28] ».

Ce projet esthétique semble bien être un défi incarné par l'écrivain africain parce que son intelligence fut jadis mise en doute. L'intertextualité permet d'attiser encore le feu des propos racistes, poussant ainsi à titiller les maîtres. Et la phrase de Revel que défie Giambatista revient obsédante : « Ils n'ont pas de public. Leurs masses sont analphabètes. S'ils écrivent, c'est pour faire revivre un passé révolu, auréolé du titre pompeux d'âge d'or[29]. » L'écriture chez l'Africain semble aux yeux de Revel un procès de *vulnérabilisation*, de misérabilisme, *un go back africa* pour prêter voix à Marcus Gavey. Cette posture est pourtant partagée par les différents écrivains qui veulent se démarquer de tout jugement, de tout *a priori* idéologique afin de pouvoir dire le monde dans ses entités constituées. C'est ainsi que les avis sont partagés, et dès lors s'il y a lieu de titiller les puristes pour certains, pour d'autres, il faut tropicaliser la langue. Néanmoins il faut comprendre aussi par-là que tout projet littéraire est conscient et contient une manière de dire assez originale et un projet de société. De cette prise de conscience, l'on pourrait prendre le risque de parler de l'élitisme chez Ngal et de la *tropicalité* chez Sony Labou Tansi.

DE L'ÉLITISME CHEZ NGAL À LA *TROPICALITÉ* DE LABOU TANSI

Parler de l'élitisme et de la *tropicalité* sans jouir de la langue nous paraît une gageure. Chez Georges Ngal comme chez Sony Labou Tansi, l'écriture est une sorte de géométrie variable, le projet littéraire se construit à l'intérieur du texte. Si, chez le premier, le style est bien poli avec des phrases longues et très bien articulées, mimant le style de Chateaubriand, chez Labou Tansi, le style est taillé à la mesure d'une société ballotée. Ses personnages miment, hésitent, s'entremêlent dans un brouhaha langagier pour trouver le sens dans une turpitude langagière. Désillusionnée, sous les tropiques, avec une période mouvementée, l'écriture permet de faire

28 Georges Ngal, *Giambatista Viko ou le viol du discours africain*, *op. cit.*, p. 8.
29 *Ibidem.*

dire cette société dans ses moindres articulations. Le style de Labou Tansi épouse la rumeur, le discours d'une société bouleversée, pour la cerner en ses profondeurs. C'est là qu'il s'agit de lire ce style tropical. L'époque est bien définie avec les métaphores filantes :

> C'était l'heure où le soleil a des lames de plomb, où les mouches déchirent l'air du bruit aigu de leur vol, le chien n'aboie plus, les bidonvilles semblent dormir d'un sommeil de feu et de feuilles, l'heure à laquelle le proverbe dit qu'il n'est pas doux de mourir[30].

Néanmoins, les mots peuvent tout signifier : il suffit juste de faire abstraction de leur sens pour en saisir la valeur quintessentielle et cela nécessite une insertion dans le quotidien des personnages parce que « ici les mots ne disaient plus ce que disent les mots, juste ce que disent les hommes qui les prononçaient[31] ». Et c'est bien clair que de ces bouches désillusionnées ne sortent que des mots assaisonnés à la vie qui les triture. Et l'on assiste à un langage qui, dans des inventions lexicales, trouve ses recettes, avec la fréquence de néologisme. Tel le substantif « un choquer » renvoyé en bas de page pour donner l'explication suivante : « On appelle 'choquer' toutes les techniques de provocation sexuelle féminine – les mâles fabriquent des 'bouger'[32] ». Parfois les néologies sont des verbes, exemple « sourissonner[33] » ou des qualificatifs, tel : « excellentiel[34] ». Il y a aussi l'usage des adverbes comme : « tropicalement[35] ». Ce langage n'est que la résultante d'un psychisme contrarié, conséquence d'un bouleversement social. Et les mots inventés permettent de donner couleur à ce nouvel ordre. Ainsi ce langage devient la maturation d'une construction sociale. Et le style est obligé de répondre à cet idéal pour mieux dire la société. « Le langage est le produit d'une conscience singulière, d'un milieu culturel donné. Parvenu à un point de fonctionnement heureux et de généralité relative, il permet – notamment à l'aide de métaphores fréquentes – de nommer et d'être interrogé sur la validité des nominations[36] ».

---

30 Sony Labou Tansi, *La Vie et demie*, *op. cit.*, p. 30.
31 *Ibid.*, p. 83.
32 *Ibid.*, p. 72.
33 *Ibid.*, p. 76.
34 *Ibid.*, p. 53.
35 *Ibid.*, p. 55.
36 Valentin-Yves Mudimbe, *L'Odeur du père : Essai sur des limites de la science et de la vie en Afrique Noire*, Paris, Présence Africaine, 1982.

L'écriture a toujours son mot à dire. Elle est le lieu où l'on solde les comptes et a un poids symbolique dans cette société de Shaïdana où l'écrivain paraît suspect parce que pourfendeur de secrets de la République de la Katamalinsi. C'est pourquoi ce style que l'on qualifie de tropical a des vertus assez spécifiques parce que moyen suspect d'engendrement de la parole réduite au silence. Elle permet de scruter la société dans tous ses angles et de la dire aussi dans toutes ses formes. C'est en ce sens que chez Boulaga la combinaison des mots ne suffit pas seulement pour faire émerger une parole mais qu'il faudrait un arrangement raisonné pour dire cette parole qui relève parfois du sacré :

> L'autorité est dans la parole, mais la parole, ce ne sont pas seulement des mots ; c'est l'émergence d'un fond, l'affleurement d'une raison devenue connaturelle, pouvant jaillir en mots fulgurants qui éblouissent et aveuglent en même temps, qui révèlent la « raison » comme une force dominatrice sacrée, comme la chose la moins bien partagée et inaccessible au commun des mortels[37].

Et cette raison n'est, chez Sony Labou Tansi, que la raison du plus fort du Guide Providentiel. Une des raisons de plus pour qu'il puisse proclamer fièrement : « Je fais éclater les mots pour exprimer ma tropicalité : écrire mon livre me demandait d'inventer un lexique des noms capables par leur sonorité de rendre la situation tropicale[38] ». C'est pourquoi on note une invention lexicale énorme avec une flambée des noms-phrases : « Chaïdana-à-la-grosse-viande[39] » ; « Jean-Brise-Cœurs[40] » ; « Jean-l'Ami-des-Peuples[41] ». Selon Georges Ngal, lui aussi commentateur de Sony Labou Tansi : « Chaque nom est un sens qui rythme parce qu'il rythme un sujet dont le destin est comme tracé par ses sonorités et sa musicalité[42]. » Ce langage épouse les rythmes d'une société déstructurée et bouleversée. C'est là où la remarque de Aminata Aïdara est d'un cachet assez particulier :

> L'écriture [chez Sony Labou Tansi] donne l'impression du dire pour ne rien dire. Elle semble porter le vide pour dévoiler son caractère ambivalent,

37 Fabien Eboussi Boulaga, *La Crise du muntu : Authenticité et philosophie*, Paris, Présence Africaine, 1977, p. 93.

38 Cité par Georges Ngal, in *Création et rupture en littérature africaine*, Paris, L'Harmattan, 1994, p. 34.

39 Sony Labou Tansi, *La Vie et demie*, *op. cit.*, p. 136.

40 *Ibid.*, p. 142.

41 *Ibid.*, p. 143.

42 *Ibid.*, p. 61.

> iconoclaste, symbolique du chaos. Son écriture est folle, sa syntaxe ahurissante, sa créativité lexicale provocatrice. Mais il faut admettre que folie n'est pas déraison, mais foudroyante lucidité chez un écrivain aussi attentif au signifié que Sony Labou Tansi[43].

Cette réflexion montre bien que le style de Labou Tansi n'est pas fortuit, qu'il est bien conscient du projet littéraire. Chez Giambatista, cette parole qui permet de cerner le sujet postcolonial, doit trouver ses sources dans les sciences limpides de l'Occident. Et ce style doit s'abreuver de la source des maîtres de Rome : « Moi qui ai juré d'être le Chateaubriand de l'Afrique[44] ». Toujours dans un style un peu ironique il se démarque des écrivains nègres dont il juge le style assez médiocre. Ainsi, le héros de Ngal devient formel et radical dans sa position, ce n'est point un jeu mais un projet assumé. En sus, il se livre au prosélytisme :

> Mais attention ! Pas d'ambiguïté ! Je suis de la race qu'on ne peut assimiler aux écrivains africains ordinaires. Nous n'avons de commun que le biologique. Ma place se trouverait à Paris, à Genève. C'est un accident de l'histoire qui m'a fait naître en Afrique. Recours n'est pas assimilation. Picasso, Juan Gris, Liptchiz se sont entourés de masques nègres uniquement dans le but de définir leurs intentions esthétiques ; un Apollinaire proclame sa volonté d'aller vers les fétiches de Guinée et d'Afrique. S'y méprendre qui voudra. Un moyen est un moyen. Ne perdre pas cela de vue[45].

L'orgueil littéraire est bien évident avec la fréquence des injonctions pour la mise en garde. Et l'élitisme trouve ses recettes dans la culture gréco-latine : « Une culture humaniste – gréco-latine assaisonnée d'une érudition que tout le monde me reconnaît ! On ne mélange pas la boue à la pureté[46] ! » Parfois même, le héros se complait de citer le latin pour faire valoir son érudition : « nascuntur poetae, fiunt oratores[47] ! » Ces références s'éloignent de l'univers africain. Sa discussion avec Niaiseux en dit long : « J'ai mes dieux. Ils ont noms : Marx, Lénine, Althusser, Sartre, Marcuse. Dans la vie chacun à son dieu. / Tes dieux semblent habiter le sanctuaire des livres[48]. »

---

43 Aminata Aïdara, « Du parti-pris pour l'onomastique à la fonction ludique de l'écriture chez Sony Labou Tansi et Réjean Ducharme », in *Éthiopiques*, n° 87 ; Littérature, philosophie et art, 2e semestre 2011.

44 Georges Ngal, *Giambatista Viko ou le viol du discours africain*, *op. cit.*, p. 8.

45 *Ibid.*, p. 12.

46 *Ibid.*, p. 32.

47 *Ibid.*, p. 8.

48 *Ibid.*, p. 34-35.

Contrairement à ce désir de Giambatista de poétiser et de mimer un style pur, de donner aux mots éclat et musicalité, chez Chaïdana, les mots ne sont plus que des abstractions débiles parce qu'ils « sont souvent plus morts que les morts[49]. »

Pourtant, parfois dans ses monologues philosophiques, Giambatista semble rejoindre le point de vue des héros de Labou Tansi. Il n'a de cesse de cogiter : « La connaissance profonde de l'Afrique passe par l'interprétation des signes et des symboles [...] L'écriture doit se faire elle-même signe et symbole, univers de correspondances[50]. » Ainsi il accepte que « Les mots [soient] un univers signifiant[51] ! » et se complait même dans le plurilinguisme : « Aucun savant aujourd'hui ne peut se passer de la connaissance de plusieurs langues[52]. »

Il voudrait une adjonction de discours africain et européen pour le jaillissement des étincelles d'une communauté de l'universel :

> Seul le discours intérieur à l'Afrique pourra libérer le mien, enchaîné par un de ses sophismes dont seuls les Occidentaux ont l'art ; les primitifs, eux ne l'ont pas ignorée. Depuis les temps immémoriaux la vie intérieure des individus comme celle des sociétés est réglée par cette instance inférieure que l'Europe commence à peine à redécouvrir[53].

Cette adjonction de discours est une manière de concordance pour le jaillissement des étincelles d'une communauté universelle réfléchie et éclatée. Dans cette posture, il y a lieu de justifier que l'écriture, en français, pour ces écrivains francophones, assume, bien sûr, et pleinement, une manière assez spécifique de dire sa société dans la langue de l'autre. C'est ainsi qu'à la fin du roman de Ngal, le cartésien Giambatista est condamné à l'errance et cela justifie la complexité de l'écrivain francophone qui doit penser dans une langue pour écrire dans une autre. Cette situation complexe ouvre toujours des réflexions sur le devenir du sujet africain.

---

49 Sony Labou Tansi, *La Vie et demie*, *op. cit.*, p. 124.
50 Georges Ngal, *Giambatista Viko ou le viol du discours africain*, *op. cit.*, p. 91.
51 *Ibid.*, p. 59.
52 *Ibid.*, p. 45.
53 *Ibid.*, p. 12.

CONCLUSION

Un regard rétrospectif sur le travail élaboré jusqu'ici permet de montrer la complexité de la thématique : « Être, venir d'ailleurs et écrire en français ». Comment dire son existence dans un espace jugé ailleurs ? Et comment réussir une telle expérience s'il y a la langue de l'*Ici* qui donne le souffle pour l'existence de *l'ailleurs ?* Ces deux questions sont d'une importance capitale pour montrer combien cette question linguistique demeure plus que complexe. Cette complexité trouve une illustration dans les questionnements et réponses de Boulaga : « Comment la langue devient-elle un enjeu ? Comment devient-elle déterminante pour la pensée ? Avant de s'achever en discussions théoriques d'ordre linguistique et philosophique, elle commence par être une question coloniale, qui surgit d'une rencontre inégalitaire et détermine un statut social, presque ontologique[54]. »

Ainsi l'interrogation est ouverte et donne toujours des brèches de réflexion qui montrent encore une fois l'urgence de cette écriture en français pour les écrivains francophones.

Ibrahima NDIAYE
Université de Dakar

54 Fabien Eboussi Boulaga, *La Crise du muntu : Authenticité et philosophie*, *op. cit.*, p. 132.

PAROLES D'ÉCRIVAINS

ÊTRE AUSSI, ÊTRE À NOUVEAU

Je suis née sous une dictature, la dictature du général Franco, à Saint-Sébastien, une ville du Pays Basque espagnol qui se trouve à deux pas de la France ; à une quinzaine de kilomètres, à peine, de la frontière.

Mais mes parents ont voulu que sous une dictature je reçoive une éducation en liberté. Mon père disait toujours que des dictatures on échappe d'abord par la tête. Ils m'ont inscrite alors au lycée français de Saint-Sébastien où j'ai fait mes études. J'ai eu donc très tôt la possibilité d'apprendre le français. L'espagnol est ma langue maternelle mais le français n'est pas une langue étrangère pour moi ; le français n'est pas une autre langue ou une langue autre. Je dirai que, dans mon cas, le français entre avec l'espagnol dans un rapport de coparentalité. Et ce lien si intime entre les deux langues est pour moi extrêmement important, définitoire.

Et donc je réserverai le terme de langue étrangère uniquement pour la langue littéraire, qui est pour moi vraiment une autre langue : une forme d'immersion complète et passionnante dans l'altérité.

Ma vie a été donc marquée depuis le début par le passage d'une langue à l'autre et d'un côté à l'autre de la frontière, puisque on allait en France très souvent pour des activités, disons, courantes. On a évoqué plusieurs fois l'expérience de l'immigration ou de l'exil. Je veux insister sur le fait que, pour moi, ce passage d'un côté à l'autre des langues et des frontières n'avait rien d'une immigration ou d'un exil ; je le faisais d'une façon complètement naturelle, comme on passe d'un côté à un autre de soi-même.

Dans ce sens, il me semble très intéressant, très éloquent, et c'est pour cela que je veux le rappeler ici, que dans beaucoup de langues le processus d'acquisition de la nationalité s'appelle processus de "naturalisation". Je trouve que c'est une très juste et très belle façon de le dire ; de souligner avec ce terme que c'est naturel d'accueillir et aussi de chercher à appartenir. Je trouve magnifique cette leçon de « vivre ensemble » que nous propose, à l'intérieur de lui-même, ce mot de naturalisation.

Alors pour moi ce passage d'un côté à l'autre des langues et des frontières était une sorte d'heureux processus de naturalisation, si heureux qu'il a « construit » ma personnalité, mon esprit. Car il a été pour moi une éducation à la fois sentimentale, politique et naturellement littéraire.

Je vais commencer par l'éducation sentimentale. J'ai été très vite consciente de mon appartenance plurielle, métisse. Je suis basque, je suis espagnole et je suis française aussi d'une certaine façon ; et je le suis d'une manière complètement heureuse, je veux dire sans conflit à l'intérieur de moi-même. Je me sentais et je me sens chez moi, avec des émotions différentes, quand je suis en Espagne ou en France. Avec des pensées et des tensions différentes aussi, ce que je trouve extrêmement stimulant. Donc, j'ai compris et accepté très tôt dans ma vie ce que disait Walt Whitman, qu'on est « vaste » et on contient à l'intérieur de soi des « multitudes ». Et adopté ce que disait Fernando Pessoa aussi, que « n'être qu'un est une prison ». Enfant je ne le pensais pas avec ces mots...mais je portais en moi, déjà, cette compréhension, ce choix pour les identités dynamiques, perméables, métisses.

Ce qui nous emmène très vite à la dimension politique de cette éducation transfrontalière. Ma position a toujours été non nationaliste, ce qui au Pays Basque, surtout sous la menace du terrorisme pendant plus de 40 ans, n'a pas été la plus confortable.

On ne traverse pas que des frontières administratives. Et heureusement ces frontières-là ont énormément changé en Europe. Ce qu'on traverse essentiellement ce sont des lignes profondes qui peuvent séparer des valeurs ou des principes différents. Et pour moi le sens de l'Europe se trouve justement dans le partage, l'accord, le pacte pour se donner des valeurs communes. Et si j'ai accepté de participer à ce colloque, à ce bonheur d'être parmi vous aujourd'hui, c'est bien sûr pour parler de mon expérience d'écrivaine en deux langues, mais aussi parce que y participer est pour moi accomplir ce que j'appellerai « un geste européen ». Passer naturellement d'une langue à une autre, écrire en deux langues me semble une façon de montrer qu'on appartient à une communauté plus large, complexe et plurielle... qu'on est, et pas seulement dans les discours politiques ou les institutions de Bruxelles, essentiellement européens. Et en voyant ce qui se passe actuellement en Europe, le montrer me semble une responsabilité politique de premier ordre. Déployer, quand nous assistons à de nouvelles formes de replis identitaires, des identités cosmopolites… et donc montrer également un cosmopolitisme littéraire, capable de s'exprimer, de créer en plusieurs langues.

Et évidemment cette enfance « transfrontalière » a été pour moi aussi une formidable éducation littéraire. Comme je l'ai déjà dit, je suis née sous une dictature. Et les dictatures s'attaquent à tout mais aussi aux langues. Alors j'ai appris très tôt, qu'il y avait chez moi, en Espagne, une langue espagnole qui se parlait, s'écrivait… mais qui était seulement une langue « apparente », incomplète… faite aussi de tout ce qui manquait, de silences, d'absences, d'interdits. Qu'il y avait donc un deuxième espagnol enfoui à l'intérieur de cette langue visible, audible. Un autre espagnol qui était là, prisonnier ; et que la liberté consistait justement à le faire sortir, émerger. Cela a été une formidable leçon littéraire pour moi, une des premières leçons fondamentales. Parce ce que c'est justement cela la littérature : faire sortir une autre langue plus libre, plus claire, plus osée de l'intérieur de la langue. Je crois que le travail littéraire c'est justement créer une langue capable de tout, prête à tout, qui fait émerger ce qui est enfoui.

Mais de l'autre côté de la frontière, il y avait le français. Et avec le français c'était pour moi un peu la même chose. Je voyais qu'il y avait aussi une langue à l'intérieur de la langue apparente. Parce que j'étais une enfant, une écolière, qui ne maîtrisait pas le français. Qui commettait des fautes, qui ignorait le sens de beaucoup de mots et d'expressions. Je me rendais compte, à l'école et surtout quand j'allais en France qu'à l'intérieur de mon petit français il y avait un grand français, une langue beaucoup plus importante dont j'ignorais encore presque tout. Et que ce français je devais l'atteindre, le « conquérir ». Encore une énorme leçon littéraire. La littérature est un effort constant, pour atteindre une langue plus grande, plus belle, claire, complexe… capable de tout essayer, de tout oser.

Voilà mon parcours et mon expérience. Je ne serai pas ce que je suis si je n'avais pas reçu très tôt dans ma vie le cadeau de ce passage constant entre l'espagnol et le français, sans ce bilinguisme, qui est, dans mon cas, un bilinguisme de l'âme.

Et je vais finir en vous parlant très brièvement de mon écriture en français. Parce que j'ai écrit en espagnol la plupart de mes livres ; essentiellement des romans, des recueils de nouvelles, mais aussi de la poésie et des pièces de théâtre. J'ai donc une longue expérience d'écriture en espagnol. Et cela implique aussi que j'ai acquis des confiances, des habitudes peut-être aussi.

Et il y a quelques années j'ai décidé de créer un hétéronyme pour écrire littérairement en français ; et parce que je ne voulais pas seulement une autre langue d'écriture, mais être deux auteures en même temps. J'avais besoin d'une écriture complètement nouvelle, sans confiances et sans habitudes, quelque part sans mémoire. Mon hétéronyme, Antonia Lassa a une biographie complètement différente de la mienne : elle est parisienne, œnologue, elle est plus jeune que moi et elle a un projet littéraire aussi très différent puisqu'elle écrit, disons, des polars. Et donc elle n'a pas les mêmes soucis littéraires. Je suis devenue très soucieuse de l'écriture, très attachée à un style très sobre… je travaille énormément la forme. Antonia, qui est à son premier roman est plus « décontractée », elle a d'autres projets, plus centrés sur l'intrigue.

Et moi j'avais besoin justement de cela, de son inexpérience et de son « insouciance » en quelque sorte, de ses préoccupations bien différentes des miennes. J'avais besoin de son audace, de sa fraîcheur… encore une fois, de son écriture sans mémoire et sans habitudes.

Et c'est pour cela que j'ai fait naître Antonia Lassa qui a déjà écrit un roman, *Avoir dans la peau* ; que j'ai traduit en espagnol. (Je vais faire toujours la version espagnole de ses romans.) Et cela aussi me semble très intéressant et stimulant, parce que quand on se place du côté du traducteur on voit l'écriture d'une façon toute nouvelle. J'aurais donc trois perspectives d'écriture : Luisa Etxenike auteure en espagnol ; Antonia Lassa auteure en français ; et Luisa Etxenike traductrice d'Antonia Lassa en espagnol.

Créer cet hétéronyme, écrire aussi en français est pour moi donc extrêmement important et fertile. Du point de vue politique parce que cela représente, comme je le disais à l'instant, un geste européen, pluriel, cosmopolite. Et évidemment d'un point de vue littéraire. L'écriture d'Antonia Lassa est une forme de tremplin pour explorer de nouvelles possibilités artistiques. Cette écriture sans mémoire, sans habitudes, en quelque sorte « nouveau-née » me donne le vertige mais aussi une forme d'innocence, de courage, d'ouverture, et des nouvelles réflexions sur les sujets et les formes littéraires.

On peut penser que si j'ai fait le choix de l'espagnol comme langue littéraire au début de ma carrière c'est parce que je connais mieux l'espagnol que le français, ce qui est vrai d'ailleurs ; mais je crois que le choix d'une langue littéraire n'est pas lié uniquement à la connaissance de cette langue, à la compétence linguistique ; il n'est pas déterminé par elles. Parce que, de toutes façons, entrer dans la langue littéraire c'est justement entrer dans un territoire « inconnu », plein de défis, d'obstacles… qui demande de l'audace et de l'inventivité. Et où l'on peut, comment dire, "compenser" certaines ignorances par une créativité accrue.

J'ai choisi l'espagnol comme ma première langue littéraire parce qu'il s'adaptait mieux que le français à ma poétique artistique. Une langue c'est d'abord une musique, un rythme … et l'espagnol et le français ont une musique et un rythme différents. L'espagnol est une langue active (on utilise très peu la voix passive…) dont la mélodie forte, soutenue… convient à mon projet d'écriture, à ma poétique.

Très récemment nous avons interviewé pour l'espace culturel Canal Europa que je dirige, le grand poète polonais Adam Zagajewski qui écrit en polonais mais qui pourrait écrire aussi dans d'autres langues : anglais, russe… Et à un moment donné, il nous a dit : « Moi, les muses elles me parlent en polonais ».

Mes muses, quand elles me parlent en espagnol, ont une voix ; quand elles me parlent en français, une autre. Le projet littéraire de Luisa Etxenike a besoin de l'espagnol, de sa force, de son dynamisme, de sa souplesse… Antonia Lassa a un tout autre projet littéraire et le français avec ses architectures, ses délicatesses et ses nuances – la voix des muses en français – lui convient parfaitement et c'est pour cela qu'elle l'a choisi.

Je vais combiner les deux écritures, les deux musiques… pour composer – nous aimons beaucoup au Pays Basque la musique chorale – une écriture chorale, en dialogue permanent entre l'espagnol et le français.

Luisa Etxenike

MEURTRES
SANS PRÉMÉDITATION

Pour écrire, j'ai tué père et mère.

Comme Albert Camus fait mourir la mère de Meursault, le personnage principal de *L'étranger*, j'élimine, dans chacun de mes romans, un être aimé – père, mère, épouse. Le père de l'héroïne de *Riz noir* décède avant le début de l'histoire. La figure paternelle n'est guère plus présente dans *Rapaces*. *Violon* n'épargne pas le père, qui décède d'un accident ou d'un crime, on ne sait pas. L'un des deux pères du *Venin du papillon* est fusillé. Dans mon dernier roman, *Douze palais de mémoire*, l'épouse très aimée du personnage principal est pulvérisée par une torpille, et à la suite de ce décès, celui-ci quitte le pays natal.

Pendant longtemps, j'ai cru à quelque revanche symbolique personnelle contre des figures d'autorité. Enfin, le pouvoir de vie et de mort ! Enfin, lavée de l'humiliation des fessées et autres outrages ! En réalité, la réponse à ces meurtres en série se trouve, non pas dans l'espace psychologique, mais dans mon rapport complexe avec les langues.

Comme Albert Camus, je suis un écrivain « francophone ». Camus est né en Algérie, je suis née au Vietnam. L'un et l'autre, nous avons grandi dans le paysage linguistique hybride de deux langues, l'une exprimant une réalité palpable, l'autre un monde sublimé.

Et moi qui suis une *étrangère*, comme Meursault, j'ai tué.

Aucun des meurtres romanesques que j'ai perpétrés n'est un hasard. Pourtant, je ne les ai pas prémédités. Je n'aborde pas l'écriture de mes romans avec un plan, par conviction que l'art peut seulement éclore dans l'espace incontrôlable de l'Inconscient.

Un jour, quand mon Inconscient m'aura amnistiée pour l'assassinat de la langue maternelle, les meurtres en série cesseront dans mes romans. Le prochain, peut-être ? J'ai cet espoir à chaque livre. Mais est-ce un espoir ?

Anna Moï

PRENDRE PLACE DANS LA LANGUE À TRAVERS LES FAILLES DE L'HISTOIRE

Il n'y a jamais eu de sentiment de culpabilité concernant mon utilisation de la langue française.

Que ce soit pour parler ou pour écrire. C'est une idée qui ne me traverse jamais l'esprit.

Cette langue s'écoule de moi, naturellement, parallèle à d'autres langues maternelles, se nourrissant aux mêmes affluents.

Comme mes langues, je suis multiple. Aucune d'elle ne m'est étrangère, elles entrent toutes dans ma constitution la plus intime.

Aucune d'elle ne domine, elles semblent cohabiter en toute harmonie, chacune s'exprimant librement, instinctivement, chacune me rapprochant un peu plus de ce qui est enfoui en moi.

Plus intime encore, le rapport à l'écriture.

Il s'inscrit en soi, ou se fraye un chemin à travers soi, par des chemins inattendus. Je ne crois pas qu'on puisse réellement choisir la langue dans laquelle on écrit de la littérature, c'est la littérature qui décide, la poésie à l'intérieur de soi qui ne se laisse jamais entrainer dans des logiques d'une tout autre nature.

Qui est entré dans l'aventure intime de l'écriture sait que l'écriture est elle-même une langue, que cette langue se sculpte à l'intérieur d'une autre langue, lentement, soigneusement. Que tout écart de la langue est encore un creusement dans la langue.

J'ai toujours envisagé la langue française comme une langue maternelle, au même titre que le tamazight ou l'arabe, sans oublier que le tamazight et l'arabe sont déjà un arc-en-ciel de langues. Je dis maternelle et j'envisage que la première pensée de qui m'écoute ou me lit puisse être de questionner les apports de mon arbre généalogique. Je ne vais sans doute pas vous décevoir, je ne peux décevoir qui va au-delà de sa première impression. Il semblerait que je descende par ma mère et par mon père, sur plusieurs générations, du même village de montagne à cent quarante kilomètres à l'Est d'Alger. Je suis Algéroise de naissance et de vie mais ma montagne n'est jamais loin.

Pourquoi alors cette référence à la langue maternelle ? Puisque ma mère m'a susurré d'autres mots à la naissance ? Parce que ma mère avant moi, et tous ceux qui l'ont entourée avant moi, ont baigné dans cette multiplicité qu'ils ont fait leur. Parce que bien que conscients et inquiets de la disparition de la langue de leurs ancêtres, ils n'ont jamais envisagé que d'autres langues intimement ancrées en eux puissent annuler ou en affaiblir une autre.

Je dis maternelle car, à travers cette paroi de chair qui me séparait du monde, il y avait déjà dans mon environnement immédiat ces trois langues comme trois triangles superposés, à jamais liés dans ma structure neuronale.

Au-delà de ma naissance, c'est dans les rues de ma ville, Alger, El-Djazair, les îles, Icosim, Icosium, que s'inscrit ce chant multilingue. L'Algérie est la terre de ce foisonnement, c'est d'elle que je tiens ma multiplicité, mes strates, c'est d'elle que je tiens cette affirmation simple que le français est une langue algérienne, et je ne pense pas une seconde qu'il y ait la moindre polémique là-dedans.

J'ai parlé de langues arc-en-ciel en excluant le français de ce dégradé de couleurs, il est pourtant parmi les langues les plus chargées de dégradés de couleurs, parmi les plus étendues. Que cela s'entende ou pas dans les accents, par les expressions, par les néologismes ou les tournures de phrases. La langue française est chargée d'oligoéléments de la langue, sa musique ne lui appartient plus complètement, ou du moins pas à elle seule.

Diplômée de la faculté de médecine d'Alger, je suis née longtemps après l'indépendance de l'Algérie. C'est dans un pays indépendant depuis plus de trente ans, à une époque où l'Algérie a été désertée ou endeuillée par la perte de ses artistes et de ses intellectuels, à une époque où le terrorisme était notre lot quotidien, que j'ai été formée.

J'ai été formée en français dans une université algérienne, publique.

Comme les intellectuels algériens formés au seuil de l'indépendance, j'ai été formée au seuil d'un basculement, à ces périodes de l'histoire où l'élite ne signifie plus grand-chose.

Je suis un produit du peuple vacillant. Mon français est algérien, il a résisté aux hordes qui s'abattaient sur ce que symbolisait la langue française dans la société algérienne : un mélange de liberté, d'occident, de laïcité, de progrès mais aussi parfois d'insoumission, de marginalité, de traitrise.

Pour beaucoup, c'était simplement une langue de travail.

Pourquoi je précise tout cela ?

Parce qu'il faut de longues introductions pour qu'il n'y ait pas de malentendus entre nous. Et il y aura des malentendus car aucune introduction ne peut suffire comme aucun instrument de mesure ne peut dire l'impact réel de cette langue dans le cheminement de nos neurones et celui de nos sociétés, de nos Histoires croisées.

LE FRANÇAIS, LANGUE ALGÉRIENNE

Nous sommes, notre francophonie est issue d'un viol.

Certains m'objecteront que le reste de l'Histoire de l'humanité est issu de viols.

Je dis que nous devons d'abord assumer celui qui nous concerne, celui pour lequel nous avons un devoir de mémoire et de conscience.

Il est important de dire cela, de l'accepter pleinement et d'accepter la part de ruines collatérales pour pouvoir vivre pleinement cette part intégrée et entière de soi.

L'eau ne coule jamais véritablement sous les ponts. Nous savons tous à quel point les longs silences sont dévastateurs pour nos sociétés, pour nos relations. Nous savons à quel point le déni altère ce qu'il y a de plus précieux, à quel point il encombre nos ailes.

Avoir eu une formation scientifique me fait penser que ma langue est plus neutre, chargée et neutre à la fois. La médecine que j'aime ne néglige ni l'âme ni le doute mais son rapport à la langue se situe au plus précis du concept, de la description. Certes, nos langues ne viennent pas uniquement de nos formations mais nos formations amplifient certains caractères.

Lorsque l'Algérie a décidé d'arabiser les études supérieures, elle a d'abord arabisé l'enseignement de l'Histoire, domaine hautement symbolique. Les sciences sociales ont suivi ainsi que le droit. Toutes les sciences continuent à être enseignées en français et l'enseignement se fait en français dans certains instituts comme l'école des banques. Est-ce à dire que le cerveau qui pense la société et l'analyse doit fonctionner dans une certaine langue et celui qui construit l'infrastructure et interagit avec la biologie dans une autre langue ?

On pourrait trouver d'autres raisons à cela.

On pourrait même faire remarquer la rupture générationnelle qui a séparé les Algériens de leur élite intellectuelle, si rare et si précieuse, notamment dans les premières années de l'indépendance.

Assia Djebar n'a-t-elle pas été empêchée d'enseigner l'Histoire car ne pouvant enseigner dans une autre langue que le français ?

Prenons quelques minutes et pensons à son parcours. Pensons à présent à la perte de transmission.

Pour ma part, je ne sépare pas les sciences. Je crois à la fonction essentielle de leurs interactions. De même, je ne sépare pas les langues dans le contexte algérien. Je me méfie des assignations, souvent provoquantes et sans fondements, qu'on attribue aux uns et autres. Que ces assignations nous semblent insultantes ou, au contraire, flatteuses.

Ce que j'entends par langue algérienne n'est pas une exclusion de l'ailleurs, n'est pas un effacement de l'Histoire ou une coquetterie de langage. Non plus que le viol serait une métaphore gratuite. Par l'un, j'entends que le « génome » algérien englobe cette langue parmi d'autres. Par l'autre, j'entends que pour toucher à cette part de nous-mêmes, il faut sans cesse questionner cette généalogie francophone, fouiller dans ses ruines.

Les ainés, de Jean Amrouche à Tahar Djaout. D'Albert Camus à Youssef Sebti. D'Anna Gréki à Nabile Farès. Et je pourrais en citer beaucoup, dans tous les domaines de l'art et de la pensée. Ces ainés sont beaucoup de qui nous sommes, ils sont souvent la part qui manque à une subtilité dont nous nous privons au nom d'une vitrine factice à laquelle personne ne croit véritablement. Ou du moins, laquelle chacun sait être insuffisante.

LE DIFFICILE DÉPASSEMENT DES PRÉJUGÉS

Je n'écris pas en français comme un écrivain japonais ou russe ou argentin est tombé en amour avec une langue, un idéal, un romantisme. J'ai écrit dans une langue que j'ai toujours perçue mienne et dont j'ai découvert, avec le temps, les échardes et les préjugés. Il me faudra beaucoup de temps encore pour libérer l'autre du regard qu'il pose sur moi et pour redevenir celle qui écrit dans une langue neutre en apparence, chargée en poésie et aucunement clandestine dans son identité.

Encore une fois, rien n'est véritablement neutre et les préjugés sont légion. Les conséquences à cela vont du simple agacement à l'attaque disproportionnée. Le regard de l'autre, celui qui ne sait rien de la place quotidienne de cette langue dans mon pays, ou celui qui pense savoir en ignorant les subtilités historiques et politiques. Ce regard, surtout s'il a un certain pouvoir, peut avoir un effet dévastateur.

Je pourrais donner de très nombreux exemples. Des écrivains qui vous assènent que vous ne représentez pas l'Algérie ou que vous êtes d'une classe supérieure ou que vous avez sans doute une mère étrangère. Des personnes qui vous interpellent pour vous demander de dire quelques mots en arabe ou qui vous agressent littéralement parce que vous revendiquez votre droit à écrire dans cette langue qui vous appartient.

J'avoue que les réactions venant d'étrangers, notamment de Français, sont d'une virulence qui me dépasse.

Nous sommes loin de la joie de maitriser une langue commune qui nous permet de communiquer.

Il faut alors prendre conscience des questions qui se cachent derrière ces réactions et que personne n'ose véritablement regarder en face.

Plus dommageable que ces réactions épidermiques sont nos réactions à la réaction. Comment faire œuvre quand on se retrouve sans cesse noyés dans la périphérie de ce qui nous intéresse véritablement ? Comment rester debout face à cette violence sourde, violente non parce qu'elle pose les questions mais parce qu'elle part d'un postulat erroné qui peut vous empêcher de cheminer dans l'œuvre, qui vous expulse continuellement de votre axe.

Comment ne pas être en constante réaction et devenir son propre folklore ? La caricature dont on voudrait se libérer ?

Il est alors nécessaire de sauver sa peau, d'accepter les préjugés et d'accepter de ne plus y répondre hors des espaces véritablement ouverts, ceux qui prennent en compte l'accumulation des réalités et qui veillent à les feuilleter ensemble, avec humilité et soin.

Me revient en mémoire cette rencontre d'écrivains maghrébins à Zagreb en décembre 2018. Sur douze auteurs, je suis l'unique francophone, sans doute un choix des organisateurs pour signifier notre minorité dans un Maghreb à présent indépendant.

Lors d'un débat avec un romancier, le sujet de la langue est évidemment au menu et il prend comme d'habitude bien trop de place, pratiquement toute la place. Le romancier s'amuse à me dire que je ne parle pas la langue de la rue, que les écrivains francophones sont la fabrication des médias français, que je devrais, au moins comme Mouloud Mammeri, écrire dans la langue de mes ancêtres, que nous autres francophones méprisons la langue arabe…

La liste des récriminations est interminable. Rien de ce que ce romancier a dit n'aurait pu être dit dans une rencontre publique à Alger, il aurait été lynché, je le sais pour avoir vécu une expérience similaire lors d'une lecture au théâtre national d'Alger. L'attaque venait d'un doctorant yéménite qui pouvait ne pas connaitre si bien l'Algérie. J'en suis venue à le défendre face à la colère du public.

À Zagreb, j'ai essayé d'éclairer le public en évitant d'humilier mon compatriote. Mouloud Mammeri n'a jamais écrit en tamazight, nous autres francophones n'avons que très rarement accès aux médias français, encore moins quand on est un poète, c'est-à-dire un auteur de la marge. Je ne sais pas quel écrivain cherche à parler la langue du peuple et, d'ailleurs, qui peut se prévaloir de parler la langue du peuple ? La littérature n'est-elle pas justement le fruit du regard et du récit individuels ?

Les pistes sont nombreuses pour comprendre la faille sismique des langues, principalement exacerbée par des choix et des discours politiques. Il y a aussi un classement qui dirige les meilleurs élèves vers les filières scientifiques, ce qui peut nourrir une certaine frustration quand on a dix-sept ans mais a-t-on besoin de rester sur des frustrations quand l'enjeu est si grave ?

Ce romancier était un ami de vingt ans. Il connait mon intérêt de longue date pour la littérature arabe. J'ai même traduit un roman de l'arabe pour la maison d'édition qu'il dirige. Pendant sa longue litanie et à la fin de mes arguments mesurés, il reconnait que moi au moins je parle l'arabe.

Sortie de scène, un romancier tunisien m'assure que mon interlocuteur n'a pas été très élégant, que nous autres Algériens sommes trop passionnés. Il ajoute que je travaille malgré tout pour les intérêts de la France en écrivant dans « leur langue ».

Quelques jours plus tard, à Dubrovnik, ces deux romanciers répondent avec mépris à un homme qui dit son admiration pour Camus qu'il considère, sans penser que ça peut prêter à querelle, comme un auteur peut-être pas Algérien mais d'Algérie.

Il y avait à ce festival d'autres écrivains de langue arabe au discours diamétralement à l'opposé de ce que je viens de décrire. Eux-mêmes furent très choqués par ces comportements agressifs. Comme le furent d'autres amis écrivains arabophones à qui j'ai raconté cet épisode de retour à Alger.

Je vous avoue avoir ressenti une tristesse infinie, laquelle m'a accompagnée une bonne partie de l'hiver. Tristesse de la vision caricaturale des uns qui ignorent le poids de leur domination et de leur violence, tristesse de l'ignorance et de la petitesse des autres qui semblent avoir mis leur doute et leur humilité dans un placard.

J'ai rapidement évoqué les années de terrorisme et les attaques ciblées des intégristes contre les francophones. Il est impossible de connaitre la part d'opportunisme et la part de manipulation. Il est de même impossible de supposer la part statistique des discours de la haine et de l'exclusion qui parlent souvent fort et désinforment à grande échelle.

Il faut préciser que ces mêmes intégristes n'hésitent pas à inscrire leurs enfants dans les écoles françaises et à les envoyer poursuivre leurs études à l'étranger.

UNE ALGÉRIE PLURIELLE COMME SES LANGUES

Depuis le 22 février 2019, l'Algérie vit un mouvement de contestation d'une incroyable ampleur. Des millions d'Algériens se côtoient dans les rues et scandent des slogans dans toutes les langues, leurs pancartes sont écrites en arabe, en tamazight et en français, parfois en anglais quand elles s'adressent à l'international. Elles sont souvent bilingues ou trilingues. Je repense à ce romancier qui me parlait de la langue du peuple.

Encore plus édifiant, suite à la démission de Bouteflika, des citoyens sortent dans la rue pour demander un changement plus radical. Une chaine de télévision, Sky news en langue arabe, interviewe un jeune pizzaiolo. Ce jeune homme répond en algérois. La journaliste, ayant du mal à comprendre, demande à ce jeune homme de s'exprimer en arabe. La réponse spontanée fuse et elle est cinglante : « je ne connais pas l'arabe, c'est celle-là ma langue, ma langue locale, notre *darija.* »

Cette spontanéité dans un tel moment de tension dit beaucoup, elle dit presque autant que les statistiques.

Cette année a évidemment réveillé des questions de société restées longtemps enfouies à défaut d'espaces sereins de dialogue, autant pour les chercheurs que pour les créateurs ou le grand public. La question des langues et de l'identité reste encore sujette à manipulation dans une société qui sait pourtant l'importance de leur coexistence.

Mais ce que cette année a permis, c'est de révéler que la société est beaucoup plus multiple et complexe que ce qui est colporté par certains.

Cette complexité est ce qui compte et ce qui me guide depuis le début de mon parcours d'écriture.

Cette année a également été pour moi celle de la plongée dans l'œuvre de Mohammed Dib. La revue *Europe* préparant un numéro spécial pour son centenaire, j'en profite pour le relire. Je le relis également car son œuvre parle de qui nous sommes et des potentiels restés entravés. Je le lis comme l'ici ancré et comme l'ailleurs à parcourir. De même qu'il m'arrive d'oublier dans quelle ville je me réveille, j'oublie aussi dans quelle langue écrit Dib, j'oublie ces bavardages ennuyeux sur la légitimité. Je lis Dib et je regarde la mer face à moi, il écrit dans la langue de mon intimité, je regarde les lignes cassées d'une casbah au bord de l'effondrement, je pense à lui, je pense aux *kasbahs qui ne s'assiègent* pas de Mohammed Khadda, je pense *aux massacres qu'il ne faut pas célébrer* de Ahmed Azzegagh et à *l'amandier* de Djamal Amrani *qui refleurira.* Je pense à tous mes ainés en cheminant vers le centre de ce que je perçois de leurs êtres. Leurs êtres qui ont vu et vécu et qui ont transmis.

Cette transmission est ce qui compte.

« L'origine est certes ce qui est habitable. C'est, de même, ce qui est inhabitable » nous rappelle Mohammed Dib. L'exil est parfois ce qui nous sépare mais c'est aussi ce qui empêche de voir que nous sommes bien là en coprésence. Cet exil du dedans qui ignore la coprésence est de loin le plus douloureux.

Si cette année nous a apporté un potentiel. C'est d'abord celui de célébrer notre complexité mais aussi de reconnecter les générations, de rendre à chacune son récit, sa tragédie et ses espoirs.

Et parce que nous aurons à nouveau relié les récits, il faudra encore rendre à la terre les autres récits, ceux que les lignes de démarcation auront déposés entre deux frontières muettes.

Je suis loin d'en avoir fini avec les introductions et s'il fallait retenir une chose, c'est la singularité du récit qu'il faudrait retenir. Aucun récit n'est plus légitime qu'un autre. La description de mon parcours ne vise qu'à faire tomber quelques préjugés, elle ne justifie pas de mettre à l'écart qui est né ailleurs, qui a grandi ailleurs, qui vit ailleurs.

Mon récit ne s'élève pas contre d'autres récits mais pour leur ouvrir la voie, pour éclairer les failles du préjugé.

Si nous nous parlons, c'est à partir des braises que nous nous parlons.

Ces braises sont potentiellement fécondes.

Si nous nous parlons, c'est pour paver le chemin d'une liberté possible entre nous.

Cette liberté ne se décrète pas, elle se construit par l'effort égal, par le chemin égal parcouru dans chacune des directions.

Je me tiens devant vous et ce n'est plus à partir d'un butin que je parle mais à partir de ces parts en moi que certains veulent mettre en compétition quand je veux les mettre en coprésence.

Ces parts de nous dont je n'ignore rien, que je n'édulcore pas, que je ne maudis pas.

Je me tiens devant vous, et à travers moi tous ceux de mes ainés qui ont habité l'ici et l'ailleurs, pour vous redire que je suis la subtilité qui manque à votre liberté et que vous êtes celle qui manque à ma légèreté, à ma neutralité, à mon autre.

Veillons à ce qui est tapi entre les lignes comme à ce qui s'ignore derrière les sourires.

Soyons la langue commune, la langue qui ne craint ni centre ni périphérie.

Samira NEGROUCHE

VASSILIS ALEXAKIS, UN TÉMOIGNAGE

Alexakis est arrivé d'abord en France à l'âge de 17 ans, en tant qu'étudiant venant de Grèce et plus tard, à l'âge adulte, en tant que journaliste, a pu frayer son chemin dans l'univers des arts et des lettres françaises en déployant son talent d'écrivain, dessinateur et réalisateur dans une œuvre empreinte d'une double culture mais à l'origine rédigée exclusivement en langue française. Une langue qu'il apprit d'abord à l'école, comme tout enfant grec de son époque, en étant, néanmoins un élève sérieux et qu'il avait eu l'occasion d'approfondir ultérieurement, lors de ses études à Lille ; une langue qui, pour lui, fut synonyme de liberté.

Justement, quand on lui pose la question du rapport entre la langue française et la langue maternelle dans son écriture, il se livre à une généreuse explication. Dans un récit agrémenté de plein d'événements historiques qui marquèrent la vie des Grecs de la fin des années 60 – telle la dictature des colonels – mais dont l'impact au fil du temps se dévêt de toute nuance traumatique et devient une narration plutôt détachée, pour ne pas dire amusée, des faits marquants dans la vie d'un homme et ceci dans le même style que l'on retrouve dans ses romans, Vassilis Alexakis élucide son propos du haut de sa maturité.

Il nous révèle, entre autres :

« Ma langue maternelle, le grec, est la langue du cœur. Le français est pour moi la langue de la liberté. Et je vais vous dire pourquoi. Après avoir terminé mes études en France en 1966, je suis retourné en Grèce pour effectuer mon service militaire. Malgré un climat général d'euphorie et d'épanouissement qui prédominait à l'époque, nombreux étaient ceux qui prévirent le coup d'État, qui se présageait et qui finalement a eu lieu, lorsque j'étais engagé dans la chaîne de télévision de l'armée, YENED. Dès la formation de la junte militaire, nous avons été expulsés de YENED et en fait, le réalisateur Nikos Perakis, avec qui nous étions amis et avions servi ensemble, racontera tout cela plus tard, dans son film *Planque et Camouflage*. Ce sont les événements précédents qui m'ont fait repartir pour la France et depuis j'ai commencé à écrire dans la langue d'un monde, au moins plus libre, en abandonnant ma langue maternelle durant plusieurs années. Jusqu'au moment où survint un incident, qui me fit changer d'approche. Nous étions en train d'écouter l'enregistrement d'une émission que je faisais à la radio française, lorsque ma mère, après avoir écouté longtemps avec patience et intérêt, me demanda tout à coup : "C'est bien ce qu'ils disent, mais toi, tu vas parler quand ?" Ceci m'a fait prendre conscience de ce qui s'était passé et je décidai par conséquent de commencer ce merveilleux voyage d'une langue à l'autre. »

La discussion se dirige alors, tout naturellement sur le processus et la place de la traduction dans son travail d'auteur.

« En principe, mes livres sont écrits dans les deux langues, le français et le grec. Je commence toujours par l'une des deux, pas nécessairement dans le même ordre et une fois le livre terminé, je m'autotraduis. Ainsi, lorsque le sujet du livre que j'écris est grec, la première écriture est en grec. Quand il est français, j'écris directement en français. Il est important que les situations et les personnes deviennent crédibles. Je ne peux pas par exemple faire parler le grec à un cafetier français. La traduction ainsi, le passage d'une langue à une autre constitue un travail supplémentaire, utile et parfois complémentaire. C'est une lecture très attentive, laborieuse ; voire une relecture stricte et méthodique de l'original. Effectivement, il m'est arrivé de modifier certaines choses en cours de route mais jamais de changer la langue de la première écriture. Une fois la langue du commencement choisie, le choix était définitif. Je m'enfermais dans ce choix et je me laissais emporter par la beauté et le rythme de celle-ci que ce fut la langue française ou la langue grecque. De cette manière, les langues s'entraident. Leur humeur n'est pas hostile, les langues sont de bonne humeur.

À mon avis, ce genre de "bilinguisme" constitue une grande chance et une grande richesse à la fois. La langue française est un gain pour l'écriture grecque et vice versa. Les deux langues mûrissent ensemble, dans une coexistence qui vous oblige à contrôler l'une à travers l'autre langue en alternance, en rendant cette coexistence absolument noble.

Je n'aurais pas été meilleur écrivain si je n'avais pas eu ces deux langues qui vous donnent la distance nécessaire avec les choses ici et en France. »

Personnellement je connus Vassilis Alexakis vers la fin des années '90, durant mes études doctorales à Paris. Impressionnée par son œuvre littéraire et par le fait que cette œuvre était d'abord écrite en français et par la suite généreusement traduite par lui-même en sa langue maternelle. J'ai eu la chance de l'écouter parler du processus de la création littéraire, des livres de grands auteurs qu'il gardait pieusement auprès de son chevet et du fait qu'en ce moment il était écrivain à part entière et sa vie était ainsi, entièrement dévouée à la littérature.

La littérature qui selon lui est un art par excellence qui parle de la réalité, qui parle de la vie. Car, si la littérature n'existait pas on ne pourrait savoir comment était la vie à différentes périodes, cette dernière n'étant pas enregistrée quelque part. Les témoignages historiques ne parlant pas de sentiments, de pensées, de motifs qui dictent les actions des êtres humains. Alexakis admire les classiques et s'en inspire, car il est conscient que s'il n'y avait pas un Balzac ou un Zola, on ne saurait rien sur la vie du XIXe siècle, par exemple. Et la langue française avec ses possibilités magnifiques d'expression a bien servi à cette transmission. Le français, langue adoptive d'Alexakis, qui traduit le fait que lui-même fut adopté par la société française. On pourrait remarquer à ce point-là, que le fait de traduire par la suite ses œuvres en grec, pourrait par conséquent s'inscrire dans cette lignée de retour de la politesse. Car Vassilis Alexakis se plaît à dire que les langues sont positivement disposées les unes envers les autres, elles ne sont pas antagonistes. Les langues s'entraident et sont solidaires, telles que devraient être les sociétés humaines, dit-il en s'inscrivant parfaitement dans la lignée de Tzvetan Todorov.

Georgia PROTOGEROU
Enseignante,
Ministère de l'Éducation
et des Cultes, Grèce,
Diplômée de l'École Nationale
d'Administration
(Promotion *Olympe de Gouges*)

ÉCRIRE EN FRANÇAIS ET VENIR D'AILLEURS C'EST POUR MOI CONSTRUIRE DES PONTS…

Le sujet de ce colloque à Sofia me paraît très intéressant : le bilinguisme, l'écrivain et l'exil, sa langue, sa nouvelle langue, l'auto-traduction et le poids du passé méritent d'être traités profondément. Dans cette rencontre francophone chacun de nous se retrouve dans ces quelques mots : « Être, venir d'ailleurs et écrire en français » ; se retrouve parce que chacun de nous a sûrement presque la même expérience, le même vécu et l'amour pour la littérature, pour la langue française que nous partageons ensemble. Je ne voudrais pas tenir ici des propos théoriques, mais parler plutôt de mon expérience personnelle et de ma rencontre avec la langue française.

Toute mon expérience après avoir quitté mon pays, l'Albanie, réside, je crois, dans l'idée qu'écrire en français, avec le temps est devenu un travail de reconstruction, construction de ponts et de liens, non simplement entre moi et mon pays d'origine mais entre mon peuple francophone et les autres peuples qui ont en partage la même langue, le français. Mes prédécesseurs, à commencer par l'Albanais Faik Konica et l'amitié qu'il a liée avec le poète Guillaume Apollinaire à Paris au début du XXe siècle, ont fait la même chose : construire des ponts pour dialoguer et lier les cultures, mieux se connaître l'un l'autre, s'enrichir et partager les idées humanistes de la paix, de la liberté et de la démocratie. Et modestement je suis, depuis presque trois décennies, un de ces messagers naviguant entre les deux rives…

Mais en même temps chacun de nous a une histoire particulière, non seulement d'où il vient, le patrimoine culturel, sa vie personnelle et son originalité créative, mais aussi ses affinités littéraires, son optique de voir le monde en pleine mutation.

Dans ma jeunesse en Albanie, j'ai été simplement amoureux de la poésie de Paul Éluard, de Jacques Prévert et d'autres poètes de langue française.

Au début je les ai lus en albanais, quand j'écrivais mes premiers poèmes, mais très vite j'avais un grand désir de les lire en original, en français, et c'est ainsi que j'ai commencé à apprendre le français moi-même. Dans cette époque totalitaire il y avait la censure : pas tous les livres d'Éluard et de Prévert étaient traduits. Aragon était interdit, « réservé » dans les bibliothèques (donc pas pour tout le monde), considéré comme un révisionniste, mais aussi Sartre, Camus, de Beauvoir, Ionesco, Duras, etc., qui étaient considérés comme modernistes, ou Baudelaire, Rimbaud et Verlaine comme des « décadents », etc., par peur de l'influence étrangère sur les écrivains et les artistes albanais, comme étaient censurés aussi Picasso, Chagall, Kandinsky, Matisse, Gauguin, les impressionnistes, les postimpressionistes, les surréalistes, etc. Mais un jour, par une amie de la Bibliothèque nationale, j'ai eu dans les mains l'œuvre d'Éluard de la Pléiade publiée par Gallimard et là je me suis émerveillé : c'était toute l'œuvre du poète, même celle de l'époque surréaliste, érotique, illustrée par des dessins et des photos de Man Ray. Cela m'a ouvert une fenêtre pour voir autrement la poésie. Quelques années plus tard, alors que j'étais cinéaste un jour j'ai trouvé le texte de Duras *Hiroshima mon amour*, le sujet du film d'Alain Resnais : je l'ai traduit immédiatement. Ce texte a circulé entre cinéastes, parce que ce film, à cette époque totalitaire a été une découverte pour nous et ne pouvait pas être projeté dans les salles de cinéma. Comment le dictateur pouvait-il laisser un film où une Française faisait l'amour avec un soldat allemand (l'ennemi) et voulait fuir avec lui à la fin de la Seconde Guerre mondiale ? C'était un texte époustouflant qui m'a inspiré pour un autre style d'écriture. À l'époque, la censure était terrible : imaginez qu'un jeune poète traduise Baudelaire et puis soit accusé d'agitation et propagande contre le régime et condamné, puis fusillé, histoire que je raconte plus tard dans mon essai écrit en français *Le Long chemin sous le tunnel de Platon*. La langue française a toujours été liée à la liberté. Le philosophe et poète Jacques Lacarrière m'a raconté un jour comment dans les années soixante, son amie grecque allait voir le poète Yannis Ritsos en prison, qui lui donnait des poèmes en cachette que lui et sa future femme ont traduit en urgence et publié dans le journal *Le Monde* sous le titre « Le grand poète grec est en prison ! » Cela a suffi pour qu'il y ait une grande campagne pour la libération de Ritsos, qui en effet a été enfin libéré. La même chose s'est passée avec le poète Nazim Hikmet qui en Turquie a été en prison : c'étaient ses amis parisiens, le couple Dino qui ont traduit ses poèmes et ensuite, Louis Aragon a lancé une campagne pour sa libération.

La première incitation dans mon travail d'écrivain a donc été la langue française. L'Albanie avait été un pays francophone, depuis la Grande Guerre, avec son lycée français de Korça. C'est dans les universités françaises qu'une nouvelle élite francophone a vu le jour dans les années trente du XXe siècle. Dans mon livre publié en 2001 *L'Albanie francophone* à l'époque où l'Albanie est devenue membre à part entière de l'OIF, je raconte la contribution de cette élite francophone dans le progrès de l'Albanie quand le français a été la langue officielle dans les enceintes internationales. Les éditions de la littérature albanaise en langues étrangères étaient en général en français. La revue « Les Lettres albanaises » a contribué à la connaissance à l'étranger de cette littérature, de cette culture, des auteurs albanais anciens et modernes. Nous avons vécu et grandi avec la littérature classique des auteurs français ou autres de l'espace francophone, les romans de Hugo, Balzac, Maupassant, Dumas, Sand et plusieurs autres mais aussi des auteurs du XXe siècle. Mais quand j'ai débarqué à Paris en 1991, j'ai remarqué que les Français que je rencontrais, étaient étonnés de la connaissance de cette littérature en français par les Albanais. Comment quelqu'un qui a vécu dans un pays enfermé, dans une planète à part, a pu être si lié avec la langue et la littérature en langue française et devenir bilingue ?

Cela me rappelle un ami très cher, qui a été ambassadeur d'Albanie à Paris, un ancien traducteur de l'albanais en français, Jusuf Vrioni. C'était le fils de l'ambassadeur albanais à Paris dans les années vingt-trente. Il a passé à Paris son adolescence et sa jeunesse, où il a fait ses études à HEC et à la Sorbonne, puis, à la fin de la guerre est rentré en Albanie. Quand il était prisonnier politique, dans sa cellule, durant son isolement et les tortures, pour ne pas perdre la raison, il récitait les poésies de Rimbaud du livre *Une saison en enfer*. C'était cette poésie, cette littérature, cette langue qui le tenaient débout. À sa sortie de prison, il a commencé à traduire les romans d'Ismaïl Kadaré, notre grand écrivain, et il est devenu une référence de la traduction en Albanie. Il a traduit presque toute l'œuvre de Kadaré et à travers ces deux langues il vivait entre deux mondes, l'albanais et le français. Mais dans son travail entre ses deux langues, il est intéressant est qu'il a gardé les traces et les couleurs du français de l'avant-guerre, la langue qu'il a apprise dans les écoles et par la littérature de l'époque, Montherlant, André Gide, et les autres de la première moitié du XXe siècle. C'est-à-dire, ce n'était pas l'écriture moderne d'aujourd'hui. De toute façon cela allait très bien avec la littérature de Kadaré et ses sujets préférés. On voit ainsi comment la langue se transforme toujours d'une époque à l'autre. Contrairement à lui, Kadaré en exil depuis 30 ans n'a jamais écrit en français.

Cette histoire de Vrioni qui récitait les vers de Rimbaud dans sa cellule, me rappelle aussi un personnage historique, le traducteur et poète Mark Ndoja, qui, emprisonné dans une île au sud de l'Albanie, souffrant des tortures, commence à traduire l'*Enfer* de Dante, ce qui m'a inspiré à écrire un livre publié cette année en français, anglais et italien *L'Épistolaire de Zarata*. On peut comprendre qu'à travers la langue on peut survivre… Vilson Blloshmi dans les années soixante-dix était un jeune poète qui ne supportait pas l'absence de liberté dans un pays totalitaire. Il aimait beaucoup Baudelaire. Étant francophone il a traduit quelques poèmes du grand poète. Arrêté, lors de son procès on l'accusait pour la traduction des poèmes obscurs de ce poète interdit et « décadent ». Il aimait Dante aussi. Dans son journal il écrivait : « J'ai lu quelques chants de la *Divina Comedia* de Dante Aligheri. Je suis retourné à la maison. Tous dorment, les morts, les tombes aussi, et… » Trois jours plus tard il écrit : « Après-demain j'aurai sur mon dos 26 ans. Il n'y aura pas de fête, ni maintenant, ni jamais… Je mangerai l'abime ce terrible jour… » Condamné, il a été fusillé peu de temps après…

Un autre exemple d'écrivain et intellectuel bilingue a été en Albanie Faik Konica, qui à la fin du XIXe et au début du XXe siècle est venu en France où il a terminé l'école secondaire à Lisieux, puis les études supérieures à Dijon. À Paris il a suivi les cours du Collège de France et c'est à ce moment-là qu'il a rencontré et s'est lié d'amitié avec un autre émigré, le poète Guillaume Apollinare. À cette époque, Konica a publié des articles linguistiques autour du français dans la revue d'Apollinaire, « Le Festin d'Ésope » et Apollinaire a publié des articles dans la revue de Konica « Albani ». Comme Apollinaire, émigré aussi, à travers la langue française et albanaise, Konica vivait dans deux mondes différents : son pays absent, l'Albanie, et la France et la Belgique où il s'est installé après. Étant bilingue il a combattu à travers sa revue pour faire connaître l'histoire et la culture ancienne albanaise, pour émanciper la société albanaise, toujours occupée par les Ottomans.

Un autre exemple d'un parfait bilingue a été le poète Jean Moréas, un Albanais de la Grèce, un Arvanite de l'île de Hydra, dont la famille a contribué énormément à la Révolution grecque. Venu à Paris à la fin du XIXe siècle il est devenu un fin connaisseur de la langue française. Poète et fondateur de l'« École du symbolisme français » puis de l'« École romaine », il est devenu aussi l'idole poétique d'Apollinaire, de Salmon et d'autres poètes de l'époque. Lui aussi vivait entre deux cultures, entre deux langues et deux mondes. Mais son souci premier était son intégration dans la société française et le cercle des poètes parnassiens. Avec l'âge (il est mort à Paris en 1910) il commença à parler de ses racines. Il disait à son ami Apollinaire qu'il avait une grande caisse de documents de sa famille d'Arvanites (Albanais) de Hydra et qu'il allait écrire sur son passé.

Nous, venus d'ailleurs, on est toujours entre les deux mondes, entre les deux langues : je viens de publier un roman ayant pour titre *Éléonore* avec l'histoire d'un émigré albanais et d'une Française pendant la Seconde Guerre mondiale. Pourquoi ce sujet ? Presque tous mes livres parlent de ces rencontres et ces liaisons France-Albanie. Ce serait pareil si j'étais en Belgique, au Québec, en Afrique, dans les îles du Pacifique…

Il y a plusieurs vecteurs à la base du bilinguisme. Mais la traduction sert aussi fortement. En m'occupant des traductions de français en albanais et de l'albanais en français, j'ai pu entrer dans ce monde merveilleux qui est la langue à apprendre, la richesse du lexique et la finesse et l'utilité des synonymes, des idiomes de cette langue, une expérience qu'a connue aussi la poétesse libanaise très réputée dans le monde francophone Vénus Khoury-Ghata, mariée avec un scientifique Albanais à Paris et devenue parfaitement bilingue. Elle a été non seulement traductrice des poètes français, y compris Adonis, son cher ami, mais elle a écrit et publié plusieurs recueils poétiques et romans extrêmement beaux. Ghata a eu plusieurs prix, entre autres celui de l'Académie française. J'ai eu la chance de la traduire en albanais.

Je viens de publier le recueil poétique *Territoires de l'âme* en français. Après la publication j'ai remarqué que la moitié du livre avait pour thème des sujets sur la France, Paris, sur le métro parisien et la vie quotidienne ou sur des personnages français comme Hugo, Sartre et Simone de Beauvoir, l'amour de Camus pour la comédienne franco-espagnole Casarès, le poète Robert Desnos, l'autre poète Paul Celan, la rafle contre les juifs de Paris pendant la guerre et le camp de Drancy, etc. Tout cela m'est venu naturellement, sans le vouloir au début. Cela veut dire comment en vivant entre les deux langues et les deux cultures on devient des messagers entre deux rives, entre deux cultures. On sait que le bilinguisme est une double identité. L'écrivain Vassilis Alexakis, qui a fui la dictature en Grèce est venu en France en 1968 pour s'exprimer librement en Occident, est devenu bilingue dans sa littérature. Ses livres, il les écrivait en français et puis en grec. L'académicien François Cheng, écrivain et philosophe, a quitté la Chine de Mao pour venir en France pour les mêmes raisons. Il est devenu bilingue, mais aussi faisant le métissage des cultures, sans oublier dans ses œuvres sa culture d'origine, la chinoise.

Ainsi on peut continuer avec la romancière hongroise Agota Kristof, auteure du *Grand Cahier* qui est un exemple à part. Son exil après les événements de 1956, l'exil à Neuchâtel en Suisse romande, sa solitude, ses blessures familiales, ses efforts pour gagner une autre identité linguistique et culturelle à travers la langue, en apprenant et en écrivant le français, en traduisant au début ses poèmes écrits en hongrois : « Écrire, disait-elle, – c'est presque suicidaire » ...C'était en effet le processus de découvrir et intégrer une autre langue, en la transformant en même temps. Et si on voit ses œuvres, c'est presque toujours l'exil, les souvenirs, la vie d'ailleurs. C'est le poids de l'histoire : il faut écrire sur notre passé aussi : ainsi est écrit mon essai *Le long chemin sous le tunnel de Platon*, sur la censure pendant l'époque totalitaire.

Le passé pèse lourd sur notre conscience et l'inconscience. J'ai un ami proche depuis l'adolescence qui dans les années quatre-vingt a tenté de fuir le pays. Arrêté par l'Armée à la frontière il a été condamné à 12 ans de prison et envoyé à la terrible prison de Spaç dans le nord de l'Albanie. Juste après les changements politiques il a pu sortir et venir en France, où je l'ai accueilli. À ce moment-là il m'a dit : « Je ne retournerais jamais dans mon pays » ... Mais est-ce qu'on peut échapper au passé ? C'est impossible ! Un jour ou un autre il nous rattrape et nous tient prisonnier. Une quinzaine d'années après, nostalgique, devenu écrivain, Enrik Gjoka est retourné à Tirana. Aujourd'hui sa littérature est toujours sur son passé, ses souffrances, ses déchirures, ses douleurs, la violation d'une jeunesse qu'il n'a pas vécue, déchirures qu'on trouve aussi chez Agota Kristof et ses souvenirs sur l'époque stalinienne dans *L'Analphabète*.

Il y a énormément d'auteurs, d'intellectuels, d'artistes qui ont vécu le bilinguisme dans les pays où ils ont émigré : Picasso était bilingue, comme Modigliani ou Chagall… Tristan Tzara a vécu le bilinguisme chez lui, avant d'écrire son manifeste DADA et venir ensuite s'installer à Paris. Que serait la culture française sans tous ces auteurs venus d'ailleurs. Pascal Blanchard disait que « la culture française ne serait pas ce qu'elle est aujourd'hui si tous les artistes venus d'ailleurs n'avaient pas constitué une part de notre culture collective » … Quand j'ai traduit en albanais le livre *Demain sans moi* d'Alain Bosquet, je savais que je traduisais le français impeccable d'un émigré venu d'Odessa… Dans les pays francophones d'Europe, il y a aujourd'hui de grands écrivains qui sont venus d'Afrique et qui comme Amin Maalouf ou Adonis sont devenus des ponts de rencontre de différentes cultures et langues.

Luan RAMA

AIMER AMOUREUSEMENT

J'ai appris à aimer en français, même si ma langue maternelle, le vietnamien, m'offre une palette infinie de mots pour reconnaître les nuances de chacun de ces instants qui enflamment le cœur, l'étouffent, le calment, le rassurent ou le bouleversent.

Lorsqu'à la signature d'une lettre, un homme remplace son nom par ces trois mots « je vous aime », il me donne le droit d'inclure l'adverbe « amoureusement » dans mon interprétation. Mais si cette même expression, "je vous aime", est utilisée dans une conversation entre un parent et ses enfants, entre deux amis, entre une vedette et ses admirateurs, elle se dépouille de ce sous-entendu charnel.

En vietnamien, il n'y a pas de confusion ni d'ambiguïté possible si un homme m'écrit « anh yêu em ». Il déclare clairement qu'il est amoureux de moi, qu'il m'aime avec passion. Si par contre il utilise « thương » à la place de « yêu », il me dit encore qu'il m'aime mais il précise que cet amour est sans passion, dépourvu de sensualité. C'est pourquoi le verbe « thương » s'emploie surtout entre une mère et son fils, entre copains de longue date, entre un maître et son chien… Très souvent, entre époux qui ont survécu à l'usure du temps, ou époux devenus couple à travers le temps, grâce au temps, l'expression appropriée est « tình nghĩa », c'est-à-dire affection conjugale, ou attachement, ou loyauté. Si je traduisais « tình nghĩa » selon la culture occidentale, je parlerais de dépendance affective, d'interdépendance ou d'éloge du sacrifice maternel, car les mères accompagnent presque toujours l'expression « tình nghĩa » du mot « enfant », comme si leur union était portée par la maternité et non par l'amour conjugal.

Mais je me trompe peut-être. Peut-être que ces femmes n'aiment passionnément leur mari qu'en privé, que le mot « yêu » n'est prononcé qu'une fois les lampes à huile éteintes, les moustiquaires descendues autour du lit et leurs bords rabattus sous les nattes. Peut-être aussi que le mot « yêu » ne s'exprime qu'en gestes, lorsqu'elles dégagent délicatement les joues des poissons encore fumants pour les déposer dans le bol de leur homme, quand elles essayent de chasser l'air chaud d'un mouvement hypnotisant de leur éventail, ou encore dans ces attentes sans reproches dans le noir, les soirs où leur mari s'égare dans les bras d'une jeunesse qu'elles ne possèdent plus.

Je connais tous ces mots d'amour en vietnamien mais je ne saurais comment les utiliser dans une phrase, devant une personne, sous son regard, car j'ai été élevée dans un contexte où leurs nuances ne trouvent pas d'assises. Elles sont dérisoires, voire inutiles, devant le désir charnel, l'amour physique ou la passion sexuelle qui accompagnent l'amour avec un homme. Ces nuances du vietnamien se sont évanouies lorsque j'ai osé suivre du regard, sans mettre mes mains devant mes yeux, les courbes du corps d'un amant, nu, exposées sans drap ni couverture pendant un temps suspendu et sans fin. Malgré le vent arctique qui balayait les rues de l'autre côté des fenêtres givrées, cet homme était couché de tout son long sous un ventilateur paresseux qui poussait l'air chaud vers sa peau. À l'ombre des persiennes traversées de minces rais de lumière, l'enivrante beauté de ses jambes galbées, de son dos musclé, de ses fesses bombées, s'étalait naturellement au milieu de sa chambre, grande ouverte sur son immense espace vital, pour ainsi dire sur le monde entier, avec une telle aisance, une telle simplicité et une telle évidence que la pudeur, la mienne, s'est retirée discrètement, à reculons, sans protester, sans livrer combat.

Depuis, j'ai appris à bien identifier les différentes émotions en les nommant avec des mots distincts, spécifiques. J'ai réussi à dessiner des frontières entre « désirer » et « aimer », entre « lust » et « love », entre « yêu » et « thương », mais je ne suis pas parvenue à exprimer tous ces mots tout haut, car ma gorge se noue encore à l'écoute des histoires anciennes de soldats vietnamiens, morts amoureux en temps de guerre. On m'a raconté qu'un de ces hommes en uniforme avait glissé sa plaque d'identité de métal froid, gravée de son nom, de sa date de naissance et de son groupe sanguin, dans la fente de la porte de la maison où habitait celle qu'il aimait en secret avant de partir dans la brousse, où des pics de bambou dissimulés sous des tas de feuilles et de brindilles l'attendaient patiemment pour lui transpercer le cœur. Je crois que tant et aussi longtemps que mon cœur, le mien, celui qui est resté entier, saura pleurer des poèmes où il est écrit :

Anh tặng em
Cuộc đời anh không sống
Giấc mơ anh chỉ mơ
Một tâm hồn anh để trống
Những đêm trắng mong chờ [...]

« Je t'offre la vie que je n'ai pas vécue,
Le rêve dont je ne peux que rêver,
Une âme que j'ai laissée vide
Pendant des nuits blanches d'attente... »

Ou encore,

Hỡi người chiến sĩ đã để lại cái nón sắt trên bờ lau sậy này
Bây giờ anh ở đâu, bây giờ anh ở đâu ?'

« 'Soldat, vous qui avez laissé ce casque vert au milieu des roseaux, où êtes-vous maintenant ? Où êtes-vous ?' »

...tant et aussi longtemps que je comprendrai la charge de ces mots, je ne me permettrai pas de dire « je t'aime » dans mon ivresse pour le parfum d'une infusion de camomille que m'a apportée un homme, ou dans la chaleur de son corps contre le mien devant un paysage où l'horizon s'est éclipsé, laissant un bleu naïf fusionner le ciel avec la mer. Dans ces moments d'apesanteur où les forces s'annulent, pourtant, le corps devient léger et ose se laisser porter par un seul baiser, un seul vers enflammé, comme celui de Gaston Miron : « beau sexe léger ô ma neige. » À plusieurs reprises, ces sons et des sons semblables m'ont enveloppée et étourdie, car ils savent s'immiscer doucement en murmures entre mes côtes pour venir se loger au pied de mon cœur. Chaque fois, je chavire. Je tombe amoureuse non seulement de leur mélodie mais surtout de la langue qui leur a donné un sens. Alors, j'en redemande. Je les savoure avec gourmandise, parfois directement de lèvres fiévreuses, parfois des mains qui ont agencé sur le papier tous ces signes noirs pour les faire chanter en aubade, en balade, en sérénade. Par des nuits sans lune, des lucioles les accompagnent par intermittence, comme des mots vietnamiens qui tenteraient furtivement de me séduire. Souvent, ils se révèlent dans l'ombre, en silhouettes aux airs vaporeux, légers et adoucis, comme s'ils voulaient me confondre. Parfois, ils réussissent à se travestir en s'infiltrant docilement, silencieusement, dans l'encre des plus grandes plumes.

« Ma mère me dit quelquefois que jamais, de ma vie entière, je ne reverrai des fleuves aussi beaux que ceux-là, aussi grands, aussi sauvages, le Mékong et ses bras qui descendent vers les océans, ces territoires d'eau qui vont aller disparaître à perte de vue, ces fleuves, ils vont vite, ils versent comme si la terre penchait. »

J'ai suivi Marguerite Duras sur le bac de sa traversée entre Vinh Long et Sa Dec. J'ai marché avec elle dans la grande plaine de boue et de riz du sud du Vietnam, alors appelée Cochinchine et affectueusement surnommée le Delta du Mékong par les explorateurs des temps modernes. Sous ce soleil tropical, les odeurs de cacahuète grillée, d'ananas doré, de canne à sucre mielleuse, de gâteau de riz à la noix de coco, de mangue verte au sel pimenté sont venues me bercer jusqu'à l'enfance, jusqu'au premier mot d'amour, ressuscité par une vendeuse de crème de soja au gingembre : « Cưng ơi ». « Ma chérie ! ».

Mais était-ce bien « ma chérie » ? J'ai longtemps considéré que « Cưng ơi » et « ma chérie » étaient des semblables, qu'ils se reflétaient l'un dans l'autre. Or l'un ne peut être traduit par l'autre. « Cưng ơi » et « chérie » se complètent, et ensemble ils ont élargi l'enceinte de mes bras afin que j'embrasse les mots de Tim O'Brien comme s'ils épousaient, non seulement la guerre du Vietnam, mais toutes les guerres, qu'elles soient ignorées ou à la une, longues ou courtes, dévastatrices comme une tornade ou insidieuses comme un cancer. Ces guerres, qu'elles aient été racontées en anglais ou en sanscrit, en vietnamien ou en inuktitut, en français ou en swahili, peuvent se résumer en peu de mots :

> *And in the end, of course, a true war story is never about war. It's about sunlight. It's about the special way that dawn spreads out on a river when you know you must cross the river and march into the mountains and do things you are afraid to do. It's about love and memory. It's about sorrow.*

> « En fin de compte, une histoire de guerre ne parle évidemment jamais de guerre. Elle parle de la lumière du soleil. Elle parle de la façon particulière dont l'aube vient s'étendre sur une rivière quand tu sais que tu dois traverser cette rivière, marcher vers les montagnes et accomplir des choses qui m'effraient. Elle parle d'amour et de mémoire. Elle parle de tristesse. »

Je navigue entre la tristesse de celui qui part sans date de retour et la tristesse de celle qui reste avec de vaines promesses. Je voyage entre la mémoire de celui qui se réveille en sueur au milieu de la nuit quelque part dans le Minnesota et la mémoire de celle qui brode les mots avec un verre inlassablement vidé à la main. Je vogue entre l'amour de celui qui s'émerveille, malgré lui, devant l'orange magnifique des bombes au napalm et l'amour de celle qui passe son doigt sur le nom gravé en relief d'une plaque appartenant à un homme dont le visage lui est inconnu. Je navigue. Je voyage. Je vogue. J'erre et je me cale au creux des clavicules d'un homme aux cheveux clairs, aux yeux couleur cobalt, venu me rejoindre à l'intersection de mes trois mondes, où joue le concert des mots aux sonorités parfois paradoxales mais, complices, amoureusement.

Kim Thúy

CHOISIR SA LANGUE D'ÉCRITURE EST-IL UNE FORME DE LIBERTÉ ?

Provenant d'un espace plutôt francophile que francophone, j'entretiens avec la langue française une relation d'amour et de rejet, d'attraction et de répulsion – ou plutôt d'exaltation et de ressentiment, d'admiration et de frustration car c'est grâce à mon commerce de longue date avec le français que j'ai réalisé la dimension fondatrice – je dirais sacrée – du langage par rapport à mon être profond. Grâce aux tourments et aux joies qu'elle m'a donnés au fil du temps, la langue française fut pour moi le révélateur d'une possibilité de liberté intérieure insoupçonnée, liée au choix conscient de ma forme d'expression dans le monde.

La Roumanie est entrée dans la course pour la modernité au XIXe siècle sous l'aile protectrice de la culture française, alors à son apogée. C'est l'exemple français qui a offert à mon pays ses lois, ses institutions et ses modèles culturels. Ces modèles ont été si bien assimilés que nombre d'écrivains et d'artistes d'origine roumaine ont enrichi par la suite la culture française moderne. Cependant, la Roumanie n'a jamais été une colonie française : comme d'autres pays de l'Europe de l'Est, elle s'est plutôt auto-colonisée selon la manière française de comprendre et de construire la civilisation. Cela veut dire, entre autres, que c'est l'élite roumaine qui a choisi l'exemple français comme le ferment de sa modernisation. Imprégnés de cette culture, les intellectuels du XIXe et du XXe siècles se sont toujours sentis tiraillés entre deux pôles opposés, le sentiment fort du terroir et le désir tout aussi fort du cosmopolitisme, entre tradition et modernité, entre « autochtonisme » et européanisme. Dans cette tension, leur rapport personnel, intime, à la langue et la culture françaises a toujours joué un rôle insidieux.

Parler en roumain et penser en français, ou parler en français et penser en roumain, être *entre* les deux langues – voici une problématique qui a marqué beaucoup d'écrivains roumains du XXe siècle, dont certains bien connus en France, qui ont essayé de trouver une solution de synthèse ou de compromis entre ces deux pôles.

Même pendant le régime communiste – qui domina le pays entre 1945 et 1990 en le rapprochant forcément de la sphère soviétique et en le découplant du monde occidental –, parler français, lire des livres et des journaux dans la langue de Molière, avoir des manières françaises à la table, truffer la conversation avec des expressions françaises constituaient une façon de résister à la domination russe et de montrer l'appartenance au moins à une classe urbaine cultivée, sinon à l'élite discrète d'un pays obligé à descendre de plusieurs degrés sur l'échelle de la civilisation.

Pour ma part, venue au monde dans la deuxième moitié du XXe siècle, en plein communisme, je me rappelle bien mon premier contact avec l'univers français, pendant mon enfance passée dans la ville de Bacau, à l'est de la Roumanie, dans les années 1960-1970. J'avais neuf ans lorsque ma mère m'a envoyée chez Madame Stan, une bourgeoise de l'ancienne génération, qui avait vécu longtemps à Paris et qui était rentrée en Roumanie pendant la Deuxième Guerre mondiale. Puis le communisme est arrivé tout d'un coup et elle n'a pas pu quitter le pays, comme tant d'autres. Madame Stan était restée en Roumanie, en gardant vif son amour pour Paris et pour la littérature française et en gagnant sa vie, à titre privé, comme professeure de français. Ç'est grâce à cette dame que j'ai eu une sorte de coup de foudre, parce qu'elle parlait avec passion de la France, m'apprenant des chansons et des poésies, que je savais par cœur et que je chante même à présent.

Un beau jour, en arrivant chez elle, je l'ai trouvée en train de parler avec une autre femme de son âge. Toutes les deux conversaient en français, en se chuchotant des secrets de leur jeunesse. En les écoutant par politesse, je me suis rendu compte soudain que je *comprenais* – je comprenais leur conversation ; je comprenais le français comme si c'était ma propre langue, ma langue originelle, celle qui se parlait dans ma tête. En un éclair, ce fut une révélation : j'ai compris intuitivement que dans ma pensée il y avait un entendement au-dessus des langues, comme une compréhension d'avant les mots, il y avait une intelligence qui pouvait comprendre au besoin toutes les langues – ou au moins le roumain et le français que je partageais à présent à égalité dans ma tête et dans mon cœur.

Tout en apprenant l'anglais à l'école – car j'appartenais à la première génération qui pouvait apprendre cette langue et non pas le russe –, j'ai continué à apprendre le français chez moi, avec d'autres professeurs, lesquels m'ont aidé à garder mon amour premier pour le français. À Bucarest, lors de mes années estudiantines, j'ai rencontré Mme Andrée Fleurry, une vieille combattante française de quatre-vingts ans mariée à un Roumain dans l'entre-deux-guerres, qui était restée après au pays. Avec elle, j'ai commencé à traduire mes propres poèmes et proses en français, tout en l'écoutant parler de *sa* France dans une langue française un peu hautaine, et un peu ancienne à mon goût. C'est avec elle que j'ai connu mes premières affres provoquées par la transformation des vers poétiques lors de leur passage d'une langue à l'autre. C'est grâce à elle que j'ai ressenti la différence terrible des univers sonores des deux langues, qui donnaient des résonances parfois opposées aux mêmes mots, qui enveloppaient les mêmes notions avec des ombres et des lumières différentes, qui rythmaient différemment les parties de la phrase et de l'entendement. Ce fut, pour ainsi dire, une deuxième révélation, qui concernait cette fois l'irréductibilité d'une langue par rapport à une autre, inhérente à l'enracinement distinct de chaque langue dans la réalité environnante et aux relations uniques qu'elle développe avec la perception, les émotions et la compréhension des nuances infinies du monde.

Après la révolution roumaine du mois de décembre 1989, à laquelle j'ai participé activement, j'ai pu voyager en toute liberté à l'étranger et j'ai choisi la France comme première destination. À Paris, j'ai eu un nouveau choc, car dans les rues de cette ville magnifique, je me suis rendu compte que je ne comprenais presque rien de ce que les gens me disaient, et eux aussi éprouvaient des difficultés à me comprendre. Les gens parlaient une langue vivante, tandis que je connaissais un français artificiel, académique, celui de la littérature française du XIXe ou du début du XXe siècle, ce qui n'est pas tout à fait la même chose. J'ai eu donc la révélation de la différence – parfois vertigineuse – entre le parler et l'écrit, et de l'évolution inexorable de la langue, de toute langue.

Je ne parlerai pas trop de ma période d'adaptation au monde français, où j'ai fait des études de master et de doctorat dans les années 1990 et où j'ai travaillé, écrit et publié tout au long de la première décennie du XXIe siècle. Tout un chacun a lu ou entendu parler du caractère difficile de l'exil, de l'état de dépaysement et de souffrance dus à l'émigration/immigration. Il ne s'agit pas ici, bien entendu, de l'ordinaire voyage touristique à l'étranger, aussi étendu soit-il, et encore moins de la participation assidue à des congrès ou à des symposiums internationaux ; il ne s'agit pas non plus des moments tributaires des bourses d'études ou de résidences de recherche et de création dans des espaces académiques occidentaux. Non, il s'agit du fait de vivre tous les jours, pendant des années ou une vie entière, dans une autre culture et surtout dans une autre langue. Du fait qu'il faut apprendre de nouveaux rites quotidiens, parler tout le temps et entendre parler tout le temps une autre langue que la sienne, penser selon une autre configuration mentale, réagir en fonction d'autres stéréotypes, placer sa propre existence dans une autre perspective ou ligne de mire…

Seulement ceux qui ont vécu eux-mêmes cette expérience savent combien elle peut être difficile, douloureuse, déstabilisante et déstructurante. C'est une nouvelle forme de révélation sur soi-même. Comme si on assistait à l'effritement de sa vieille identité et à la configuration d'une autre, nouvelle et bien fragile, comme si on restructurait progressivement sa propre personne, à la fois plus la même et tenacement la même, sans être plus jamais la même, vraiment la même. Comme si on était en train de s'extraire, telle une petite cellule insignifiante, d'un vaste « corps national », de l'ADN de ses traditions spécifiques, de ses gènes induisant un comportement et une mentalité qui protégeaient comme un liquide amniotique, pour essayer de pénétrer et de se fixer dans un autre « corps national », dont on ne pourra jamais assimiler complètement l'ADN et les programmes génétiques. Seulement l'expérience directe de l'existence menée dans un autre pays, peut vous donner la mesure du profond ancrage de l'être humain dans le conditionnement physique et culturel de provenance. Seulement la « lutte corps-à-corps » avec une autre langue peut vous faire comprendre la mesure dans laquelle on est parlé, on est pensé, on est constitué intérieurement par sa langue d'origine. Et pourtant, on s'habitue à cette expérience terrible de déstructuration et de restructuration personnelle, on s'habitue au nouveau contexte, on arrive à penser, à aimer, à écrire et à rêver les nuits dans cette nouvelle langue, qui pour moi fut le français. Et il arrive un moment quand, dans son nouveau milieu, on se découvre, libre, évoluant comme un poisson dans l'eau.

Dans les années 2010, pour des raisons personnelles, j'ai décidé de rentrer en Roumanie, à Bucarest, et de m'y installer pour quelque temps, sans cesser pour autant d'écrire en français, d'échanger avec le monde français, de me rendre à Paris trois ou quatre fois par an. La communication électronique instantanée rend possible à présent une appartenance à un réseau francophone transfrontalier, global, de plus en plus actif et étendu : je m'enracine avec mon corps et mon être dans le terroir roumain d'origine, et je m'ouvre avec mon esprit et ma langue dans l'espace virtuel et culturel français mondial.

J'ai choisi d'écrire mes articles courants et mes poèmes en roumain, d'élaborer mes études académiques en anglais, et d'écrire mes proses et mes essais en français. C'est un choix délibéré qui m'offre une certaine liberté intérieure. Comme je l'exprimais déjà au début des années 2010 dans une interview, je pense que l'époque de l'écrivain purement « national » est pour partie révolue, l'écrivain ayant déjà joué son rôle capital dans la formation de l'identité nationale des peuples au XIXe et au XXe siècles. À présent, grâce au développement extraordinaire des ressources technologiques, on entre dans l'époque de l'écrivain « post-national » : celui ou celle qui, tout en restant dans son pays (ou non), choisit d'écrire dans une langue d'élection, celle qui lui semble la plus appropriée pour la diffusion expressive et convaincante, et avec plus de succès, de son message, de son art. C'est sa forme de liberté, rendue possible aujourd'hui par la technologie informationnelle et le marché culturel international.

Comme je le disais au début de cette réflexion, la fréquentation de plusieurs langues peut provoquer en nous la révélation du noyau central de notre intelligence, le *logos* dont parlaient les Anciens, capable de donner accès à une compréhension intuitive globale du monde. Mon travail de traduction et surtout d'auto-traduction m'a apporté une autre révélation, précieuse, qui confirme ce dont j'ai eu l'intuition pendant mon enfance : l'existence d'une « pensée sans mots mais non sans formes » (René Daumal), nécessaire pour le passage d'une langue à l'autre. C'est peut-être le moment de le reconnaitre et de l'affirmer avec courage : par la fréquentation de plusieurs langues, on peut avoir accès à un niveau supérieur de notre pensée. De fait, les humains n'ont cessé de caresser le rêve d'avoir à leur disposition un langage unique, d'accéder par lui à un entendement universel, à l'Homme intégral, peut-être cosmique…

Magda CARNECI

L'ORALITÉ EN LITTÉRATURE

Une quête de l'essence des choses

Depuis une bonne trentaine d'années, tous les 13 janvier, ma mère me téléphone entre 6 et 7 heures du matin. Elle me raconte l'histoire de ma naissance. Elle me dit que ce jour-là, elle était avec ses amis de lycée quelque part dans un bar à Douala, au Cameroun. Ils avaient pris un pot. Elle était à terme – tout le monde le savait ; ça se voyait par son ventre qui pointait vers le bas – mais elle n'avait pas pour autant décliné la proposition de boire un ou deux verres de bière. D'ailleurs, là-bas, on pense qu'un peu d'alcool, notamment de la bière, ne peut qu'être bénéfique pour non seulement une bonne croissance du fœtus mais aussi pour avoir des seins suffisamment lourds de lait pour allaiter son petit une fois celui-ci venu au monde.

Année après année, malgré mon corps grandissant, ma barbe épaisse et mes poils de plus en plus blancs, derrière son combiné, ma mère me dit toujours : « Mon bébé ! » J'ai beau lui rappeler que je n'étais plus *son* bébé, que j'avais grandi, mais rien n'y fait. Elle me raconte, avec ses mots – un mélange savoureux de français, d'anglais, de bassa et de douala – qu'elle avait eu ses contractions ce jour-là, ce fameux 13 janvier 1986. Elle venait d'ingurgiter un peu plus d'un litre de bière avec de la limonade de grenadine bien fraîche. Elle avait mangé des brochettes de viande bien épicée et des grillades de bananes plantains. Au moment où elle souhaitait prendre un taxi pour retourner à la maison, avait commencé son travail. Ses amis l'avaient portée au centre hospitalier le plus proche. Là-bas, quelques heures plus tard, je naquis.

L'histoire de ma naissance que je viens de reporter dans les lignes ci-dessus n'est en réalité qu'une des multiples versions que ma mère m'a déjà racontées. Parfois, elle dit qu'elle avait bu la veille et que toute seule sur le chemin de l'école, ses contractions avaient commencé ; elle n'avait pas pu rencontrer ses amis. Dans une autre version, elle se souvient qu'elle ne buvait pas, du moins pas cette année-là, car elle préparait son examen de baccalauréat ; elle devait passer les oraux quelques mois plus tard. Puis, dans une toute autre version, elle dit qu'elle s'était rendue à l'hôpital avec une de ses amies et que j'étais né seulement peu de temps après. Mort-né. Je n'avais crié au monde que cinq à six minutes après ma naissance ! Si j'écarquille les yeux ou que je marque un profond silence au téléphone pour dire mon étonnement, elle ajoute : « Wèèèh ! Est-ce qu'on ment sur les vivants ? C'est la vérité des vérités. Et puis, entre toi et moi, qui a accouché l'autre ? » À la fin, elle s'écrie toujours avec une fière tendresse : « Joyeux anniversaire, mon bébé ! »

Le récit de ma naissance tel que ma génitrice ou mes mères me l'ont déjà fait des dizaines de fois est un récit changeant, évolutif, mouvant. Ce n'est jamais très exactement la même chose qui m'est contée. Il y a sans doute des éléments qui restent inchangés ou presque : le temps (je suis né un 13 janvier), la grossesse de ma génitrice (elle m'a porté en elle pendant plusieurs mois), l'hôpital où je suis né (Laquintini à Douala) lui non plus ne change pas. Tous les éléments centraux de l'événement, de ma naissance, c'est-à-dire : la date, le lieu, la protagoniste et son but visé (accoucher de moi) ne changent pas.

Le récit de ma naissance est l'histoire d'une femme (ma génitrice) qui va mettre au monde un 13 janvier, un enfant à l'hôpital Laquintini de Douala.

Tous les autres éléments ne sont que des péripéties qui permettent d'agrémenter le récit principal. Ce sont des morceaux de chair qui s'enroulent, se déroulent, s'agrègent autour d'un squelette principal : l'histoire de ma naissance. Ces péripéties rendent le récit agréable, plaisant, désirable à l'ouïe de telle manière que tous les 13 janvier, je ne demande qu'à l'écouter, encore et encore. Je demande à écouter pas forcément dans la version originale (existe-t-elle vraiment ?), mais dans une version revisitée à l'aune du monde en renouvellement perpétuel dans lequel nous évoluons. La langue et les mots qu'utilise ma génitrice évoluent ; tout comme je ne suis plus aujourd'hui, le fils à qui elle s'adressait il y a vingt ans.

Ces péripéties permettent de singulariser le but visé de ma génitrice, faisant ainsi d'elle une héroïne – quand même, elle allait avoir son cinquième enfant en un peu plus de six ans. Ces péripéties commandent la perpétuation d'une mémoire – puisque je raconterai également à mon tour, à mes enfants, l'histoire de ma naissance, en tous les cas, une version ajournée que j'aurai choisie, moi.

Si on considère un récit narratif comme étant la description, l'évolution chronologique (ou pas) de l'action d'un protagoniste dans l'accomplissement de son but visé, enjambant pour ainsi dire une série de péripéties voire d'obstacles, alors, nul doute que l'histoire de ma naissance, toutes versions confondues, telles que transmises par ma génitrice, sont de la littérature. C'est de la littérature orale.

L'expression « littérature orale » est en soi un oxymore. Car la littérature, à priori, fait penser aux lettres. Or, croire que la littérature ne naît qu'avec l'invention de l'imprimerie à caractères mobiles au XVe siècle est erronée. La littérature existe bien avant les scribes ; c'est la littérature orale. Pensons aux contes, aux épopées, mythes et légendes, aux proverbes, aux fables. Pensons aux chansons populaires, aux berceuses, aux poésies incantatoires permettant d'entrer en relation avec le surnaturel, les divinités, de guérir les malades ou même de chasser le tonnerre.

Cette littérature originelle est transmise de génération en génération avec un insoupçonné corpus de techniques de narration : la tonalité, le volume de la voix, les mimiques, les gestes, le rythme de la phrase, la cadence, la mélodie et l'harmonie. Cette littérature produit des formes de genèse multiples et variées, de la magie, du merveilleux, elle codifie et norme nos rapports à l'autre au sein d'un même groupe ou au travers des groupes différents. La littérature orale est la courroie de transmission de l'essence-même de la mémoire d'un peuple, d'une famille, d'un individu. Avec elle, il ne s'agit pas seulement de raconter le monde sensible autour d'un évènement (les couleurs, les odeurs, les formes, les ressentis), mais d'aller bien au-delà et de passer, tel un témoin, l'idée-même de l'évènement qu'on raconte, et par ricochet ses causes et ses effets.

Par exemple, les variations de récit de ma naissance que m'ont faites ma génitrice tout comme mes mères et bien d'autres personnes présentes au moment de la réalisation de cet événement, sont certes intéressantes voire capitales. Il n'en demeure pas moins que le plus important est ma naissance en elle-même. Or l'essence de ma naissance – pour rester à un niveau ultra individuel – est que mes parents ont copulé et m'ont fait. Si ma génitrice me raconte tous les 13 janvier, une version plus ou moins revisitée de l'histoire de ma naissance, ce n'est pas tant parce que nous, elle et moi, prenons plaisir à renouveler ce rendez-vous, ni parce qu'elle souhaite me divertir en rembobinant la pellicule. Par un procédé narratif complexe, avec l'aide d'une langue bien particulière, ma génitrice souhaite me transmette une idée, l'essence de qui je suis. Je suis le fils de tel et telle, qui à leur tour sont les fils de tel et ainsi de suite jusqu'à remonter mon arbre généalogique pour découvrir l'histoire de mon peuple, de mon pays, etc.

Ainsi, circonscrire la littérature orale à un ensemble de récits dont l'unique but serait d'accompagner les mômes dans leur sommeil, est une erreur. La littérature écrite (tautologie) telle que nous la connaissons aujourd'hui n'est qu'un prolongement *écrit* des littératures orales d'autrefois. Puisque les règles de l'oralité ne sont pas celle de l'écriture, alors nous oublions que toute littérature est avant tout orale. Nous plaçons les lettres, les textes (indélébiles, conservables, archivables) au-dessus des mots dits (*sermo, sana, oratio, acusticus*). Nous valorisons davantage le *litterae* par rapport à la parole, à l'imagine acoustique qui, elle, nous apparait fugace voire futile. Or, pour se hisser à l'essence des choses, pour cerner l'idée-même des événements, il me semble indéniable de passer par la parole, par l'oralité. Aussi ai-je fait le choix d'introduire et d'installer les procédés narratifs oraux au cœur de ma création écrite.

Quelques exemples d'utilisation des procédés narratifs oraux, tirés de mon roman *Confidences* (Éditions Zoé, 2016) :

- Extrait de la page 13

> Oh mon Dieu ! Regarde ce costaud moustique-là. Ah, il ne va pas m'échapper aujourd'hui ! Cela fait deux jours que je l'ai repéré. Je l'aurai. Attends un instant. Voooilààà ! Je l'ai eu cette fois-ci. Tu sais, mon fils, il faut faire attention : il y a trop de moustiques ici dans notre forêt. Ceux du soir surtout. À voir leur gabarit-là, on comprend tout de suite qu'ils sont des professionnels du suçage de sang. Je te jure ! Wuyè !

- Extrait des pages 28-29

> « Je crois que c'était en mai 1955, si mes souvenirs sont bien en ordre en dedans de ma tête. Ma mère avait décidé de ne plus me laisser partir à l'école du Blanc où notre père enseignait pourtant. De toutes façons, moi, j'avais déjà passé mon certificat d'études primaires et donc, pour te dire les choses terre-à-terre, je n'avais plus vraiment besoin de continuer avec leur école-là. Est-ce que je voulais devenir intellectuel-long-crayon comme mon père, moi ? Non oh, ce n'était pas important pour moi. Ce n'était pas important pour les filles de manière générale. J'avais déjà fait beaucoup d'efforts pour arriver jusque-là où j'étais arrivée. Fallait pas exagérer, quand même. Ekiééé ! Aujourd'hui

les choses ont changé : de plus en plus de femmes font des études jusqu'ààà pour devenir intellectuelles-long-crayon. C'est bien pour elles aujourd'hui, mais ce n'était pas nécessaire pour nous à l'époque. »

Max Lobe

LA LANGUE COMME UNE DEMEURE

Je suis venue étudier à l'université en France il y a environ 20 ans, je ne l'avais pas spécialement choisi ainsi – ce sont mes parents qui insistaient, c'est tout de même le pays de La Fontaine, de Molière et de Sylvie Vartan, bulgare elle aussi et surtout chanteuse préférée de ma grand-mère. Pour m'inscrire à la fac il fallait que j'obtienne une carte de séjour. En arrivant à la préfecture de Lyon, j'ai eu l'audace de demander ce qu'un RIB veut dire, on m'a suggéré, en guise de réponse, de revenir lorsque j'aurais appris le français. La seule chose que le mot *rib* m'évoquait à cet instant c'est un poisson, *riba* en bulgare. Pour un court instant je me suis imaginée revenir avec un brochet que j'aurais ramassé dans la Saône, ou au moins, une boîte de sardines à échanger contre le droit de séjourner dans cette nouvelle mer pleine de requins.

Encore aujourd'hui il m'arrive de me retrouver face à des phrases que les autres utilisent pour simplifier l'expression, alors que moi je suis laissée devant ce mur d'images abstraites – casser du sucre sur le dos, faire entrer un carré dans un rond – et cela rend mon quotidien assez fantasque. Et il est vrai que l'une des choses qu'on apprend en dernier dans une langue ce sont les expressions, les références, tout ce qui fait partie d'un imaginaire commun. En écrivant, je ne me sers que rarement des expressions, j'essaye de trouver des images à moi, ou d'en traduire depuis la langue bulgare pour taquiner mes lecteurs français. Cette situation qu'on peut appeler « face au mur » n'est pas toujours confortable, mais c'est justement par les contraintes linguistiques qu'on stimule l'imaginaire.

Ainsi il m'a fallu voyager 2000 km et dix ans pour me fabriquer une langue hybride, impure, flottant entre les mondes et retourner dans mon pays, en fiction. Cette langue est une sorte d'endroit marginal et il n'est pas toujours confortable mais c'est aussi un répit, une cachette d'où l'on voit le réel différemment. Cette condition est aussi nécessaire pour l'écriture, elle participe à l'étrangeté des formes que je cherche dans mon travail. Le seul inconvénient c'est qu'avec les années je commence à maîtriser assez bien cette langue étrangère… Alors c'est un combat de tous les jours pour que mon français ne perde pas sa bulgaritude.

Elitza GUEORGUIEVA

BIBLIOGRAPHIE

AÏDARA, Aminata, « Du parti-pris pour l'onomastique à la fonction ludique de l'écriture chez Sony Labou Tansi et Réjean Ducharme », *Éthiopiques*, 87, Littérature, philosophie et art, 2e semestre 2011.

AUSONI, Alain, *Mémoires d'Outre-Langue. L'écriture translingue de soi*, Genève, Slatkine, 2018.

BAETENS, Jan, « Pourquoi j'ai choisi d'écrire en français », *Le carnet et les instants*, 105, 1999.

BARON SUPERVIELLE, Silvia, « Changer de langue : une arme de création », dans Marianne Alphant, Olivier Corpet (dir.), *L'espace de la langue : Beyrouth-Paris*, Paris, Éd. du Centre Georges Pompidou : Éd. de l'IMEC, 2000, p. 19-20.

BEGAG, Azouz, *Le marteau pique-cœur*, Paris, Le Seuil, 2004.

BEN JELLOUN, Tahar, dans Lise Bloch-Morange, David Alper (dir.), *Artiste et métèque à Paris*, Paris, Buchet-Chastel, 1980.

BHABHA, Homi K. [1994], *Les lieux de la culture. Une théorie postcoloniale*, trad. Françoise Bouillot, Paris, Payot et Rivages, 2007.

BOULAGA, Fabien Eboussi, *La crise du muntu : Authenticité et philosophie*, Paris, Présence Africaine, 1977.

BRIERRE, Jean-Dominique, *Milan Kundera, une vie d'écrivain*, Paris, Éditions Écriture, 2019.

CAMUS, Albert [1942], *Le mythe de Sisyphe*, Paris, Gallimard, coll. « Folio », 1964.

CHAMOISEAU, Patrick, *Écrire en pays dominé*, Paris, Gallimard, 1997.

CHEMIN, Ariane, « La République tchèque a rendu à Milan Kundera sa nationalité, quarante ans après », *Le Monde*, 03/12/2019.

CHVATIK, Kvetoslav, *Le Monde romanesque de Milan Kundera*, trad. Bernard Lortholary, Paris, Gallimard, « Arcades », 1995.

CIORAN, Émile, *Aveux et Anathèmes*, Paris, Gallimard, coll. « Arcades », n° 11, 1987.

CIORAN, Émile, *Entretiens*, Paris, Gallimard, coll. « Arcades », 1995.

COMBE, Dominique, *Poétiques francophones*, Paris, Hachette, 1995.

DELBART, Anne-Rosine, *Les exilés du langage. Un siècle d'écrivains français venus d'ailleurs*, Limoges, PULIM, coll. « Francophonies », 2005.

DELBART, Anne-Rosine, « Être bilingue et écrivain français : les motivations du choix d'une langue », *Bulletin Suisse de Linguistique Appliquée*, 76, 2002.
DELBART, Anne-Rosine, « Littérature en français : je dis ton nom. Une *littérature-monde* face au dilemme irrésolu entre la *littérature française* et la ou les *littérature(s) francophone(s) ?* », dans Yamilé Haraoui-Ghebalou (dir.), *Littérature-monde : enjeux et perspectives*, Alger, AUF-Université d'Alger, 2011, p. 100-110.
DERRIDA, Jacques et DUFOURMANTELLE, Anne, *De l'hospitalité*, Paris, Calmann-Levy, 1997.
DESTREMPES, Hélène, « Plurilinguisme et stratégies identitaires dans la littérature autochtone d'expression française au Québec », dans Dion, Robert, Lüsebrink, Hans Jürgen et Riesz, János (dir.), *Écrire en langue étrangère. Interférences de langues et de cultures dans le monde francophone*, Nota Bene, 2002.
DIDIER, Beatrice, « Les blancs de l'autobiographie », dans Jean-Claude Mathieu (dir.), *Territoires de l'imaginaire. Pour Jean-Pierre Richard*, Paris, Le Seuil, 1986, p. 137-156.
DJAVANN, Chahdortt, *Comment peut–on être français ?*, Paris, Flammarion, 2006.
DJAVANN, Chahdortt, *Je ne suis pas celle que je suis*, Paris, Flammarion, 2011.
ELIADE, Mircea, *Fragments d'un Journal I, 1945-1969*, Paris, Gallimard, 1973.
GASHI, Valbona, *Perspectives comparatistes à partir de l'œuvre de Sami Frashëri (traduction de l'albanais au français et étude du thème de la vendetta et de la bessa par rapport à d'autres écrivains européens)*, Lille, ANRT, 2000.
GAUVIN, Lise, *L'écrivain francophone à la croisée des langues. Entretiens*, Paris, Karthala, coll. « Lettres du Sud », 2000.
GAZIER, Michèle, LAVAL, Martine, BOUCHEZ, Emmanuelle, « Français dans le texte », *Télérama*, 2454, 1997.
GEISER, Myriam, « "We are translated men" : Translation culturelle dans les écritures de la post-migration », dans Alexis Nouss, Christelle Pinçonnat, Fridun Rinner (dir.), *Littératures migrantes et traduction*, Aix-en-Provence, Presses universitaires de Provence, 2017, p. 13-22.
GLISSANT, Édouard, *Introduction à une poétique du divers*, Paris, Gallimard, 1996.
GREEN, Julien, *Journal*, tome XV, *L'avenir n'est à personne (1990-1992)*, Paris, Fayard, 1993.
GRUEV, Stéphane, *Моята Одисея [Mon Odyssée]*, « Obsidienne », Sofia, 2002.
HAJDARI, Gëzim, *Ombre di cane / Hije qeni*, Dismisuratesti, 1993.
HIRSCH, Marianne, *Family Frames : Photography, Narrative and Postmemory*, Cambridge, Harvard University Press, 1997.
HUSTON, Nancy, *Nord perdu*, Arles, Actes Sud, 1999.
KADARÉ, Ismaïl, « L'Enfance », poème traduit par Michel Métais, dans Michel Métais, *Ismaïl Kadaré et la nouvelle poésie albanaise*, Paris, P. J. Oswald, 1973.

KADARÉ, Ismaïl, *Le Pont aux trois arches*, Paris, Fayard, « Folio », 1981.
KADARÉ, Ismaïl, *Avril brisé*, trad. Jusuf Vrioni, Paris, Fayard, 1981.
KADARÉ, Ismaïl, *Chronique de la ville de pierre*, Gallimard, coll. « Folio », 1982.
KADARÉ, Ismaïl, *La Niche de la honte*, trad. Jusuf Vrioni, Paris, Fayard, 1984.
KADARÉ, Ismaïl, *Le Palais des Rêves*, trad. Jusuf Vrioni, Paris, Fayard, 1984.
KADARÉ, Ismaïl, *Les Tambours de la pluie*, trad. Jusuf Vrioni, Paris, Fayard, 1985.
KADARÉ, Ismaïl, *Qui a ramené Doruntine ?*, trad. Alexandre Zotos, Paris, Fayard, 1986.
KADARÉ, Ismaïl, *Invitation à l'atelier de l'écrivain*, Paris, Fayard, 1991.
KADARÉ, Ismaïl, *Entretiens avec Éric Faye*, Paris, Corti, 1991.
KADARÉ, Ismaïl, *Le Poids de la Croix*, Paris, Fayard, 1991.
KADARÉ, Ismaïl, *Hamlet, le prince impossible*, trad. Artan Kotro, Paris, Fayard, 2007.
KADARÉ, Ismaïl, *Matinées au café Rostand*, trad. Artan Kotro et Tedi Papavrami, Paris, Fayard, 2017.
KRISTEVA, Julia, « E comme écrire en français », dans Bernard Cerquiglini, Jean-Claude Corbeil, Jean-Marie Klinkenberg, Benoît Peeters (dir.), *Le français dans tous ses états*, Paris, Flammarion, 2000.
KUNDERA, Milan, *Le Livre du rire et de l'oubli*, trad. François Kérel, Paris, Gallimard, coll. « Folio », 1979 ; 1985, pour la traduction française revue par l'auteur.
KUNDERA, Milan, *L'Art du roman*, Paris, Gallimard, coll. « Folio », 1986.
KUNDERA, Milan, *L'insoutenable légèreté de l'être*, trad. François Kérel, Paris, Gallimard, coll. « Folio », 1984 ; 1987, pour la traduction française revue par l'auteur, 1989, pour la postface de François Ricard.
KUNDERA, Milan, *Les Testaments trahis*, Paris, Gallimard, coll. « Folio », 1993.
KUNDERA, Milan, *L'Ignorance*, Paris, Gallimard, coll. « NRF », 2003.
KUNDERA, Milan, *Le Rideau*, Paris, Gallimard, coll. « NRF », 2005.
KUNDERA, Milan, *Une rencontre*, Paris, Gallimard, coll. « NRF », 2009.
LABOU TANSI, Sony, *La Vie et demie*, Paris, Le Seuil, 1979.
LILAR, Suzanne, *Une enfance gantoise*, Paris, Grasset, 1976.
LOTMAN, Youri, *Poétique. Typologie de la culture*, Éditions Narodna kultura, Sofia, 1990.
MADJIDI, Maryam, *Marx et la Poupée*, Paris, Le Nouvel Attila, 2017.
MANN, Thomas, *Sur soi et sur les autres*, Éditions « Zakharii Stoyanov », Sofia, 2007.
MAUNICK, Édouard, « Parole 47 », dans *Ensoleillé vif*, Paris, Éd. Saint-Germain-des-Prés, 1976.
MOREELS, Isabelle, « Comment peut-on être français ? », *Carnets*, Deuxième série – 1 | 2014.

MOURALIS, Bernard, *Les contre-littératures*, Paris, Presses Universitaires de France, 1975.

MUDIMBE, Valentin-Yves, *L'odeur du père : Essai sur des limites de la science et de la vie en Afrique Noire*, Paris, Présence Africaine, 1982.

MUDIMBE, Valentin-Yves, *L'autre face du royaume* : *Une introduction à la critique des langages en folie*, Lausanne, L'Âge d'Homme, 1973.

MYFTIU, Bessa, *Confessions des lieux disparus*, Les éditions Ovadia, Nice, 2016.

NANQUETTE, Laetitia, *Orientalism versus Occidentalism : Literary and Cultural Imaging between France and Iran since the Islamic Revolution*, Londres/New York, I. B. Tauris, 2013.

NGAL, Georges, *Giambatista Viko ou le viol du discours africain*, Paris, L'Harmattan, 1975.

NGAL, Georges, *Création et rupture en littérature africaine*, Paris, L'Harmattan, 1994.

NOIVILLE, Florence, « Milan Kundera, sa vie est ailleurs », *Le Monde*, 02/04/2014.

NOUSS, Alexis, *La condition de l'exilé. Penser les migrations contemporaines*, Paris, Maison des Sciences de l'Homme, coll. « Interventions », 2015.

PASHO, Severina, « Ornela Vorpsi entre les mots et les couleurs », Conférence Internationale « 50 ans de recherche et d'enseignement au Département de français de l'Université de Tirana », 2016.

POPOV, Stéphane, *Insomnies* [*Bezsanitzi*], « Letopissi », Sofia, 1997.

PORRA, Véronique, « Les convertis de la francophonie : entre création artistique, stratégies et contraintes », dans Jean-Pierre Castellani, Maria-Rosa Chiapparo, Daniel Leuwers (dir.), *La langue de l'autre ou la double identité de l'écriture*, Tours, Publications de l'Université François Rabelais, 2001.

RICARD, François, *Le dernier après-midi d'Agnès. Essai sur l'œuvre de Milan Kundera*, Paris, Gallimard, coll. « Arcades » (n° 74), 2003.

RICŒUR, Paul, *Soi-même comme un autre*, Paris, Le Seuil, 1990.

SANDWIDI, Hyacinthe, « Trois écrivains burkinabé et la langue française », dans Claude Caitucoli (dir.), *Le français au Burkina Faso*, Rouen, C.L.S., 1993, p. 103-116.

SARTRE, Jean-Paul, « Orphée noir », Préface à *Anthologie de la nouvelle poésie nègre et malgache de langue française* par Léopold Sédar Senghor, Paris, PUF, 1969.

SCHÜTZ, Alfred, *L'Étranger*, Paris, Allia, 2010.

STANIŠIĆ, Saša, *Le Soldat et le Gramophone*, trad. Françoise Toraille, Paris, Stock, 2010.

STATOVCI, Pajtim, *Mon Chat Yougoslavia*, trad. Claire Saint-Germain, Paris, Denoël, 2016.

TODOROV, Tzvetan, « Bilinguisme, dialogisme et schizophrénie », *Du bilinguisme*, Paris, Denoël, 1985, p. 11-38.

TODOROV, Tzvetan, *Nous et les autres*, Paris, Le Seuil, 1989.
TODOROV, Tzvetan, *Les morales de l'histoire*, Paris, Grasset, 1991.
TODOROV, Tzvetan, *L'Homme dépaysé*, Paris, Le Seuil, 1996.
TODOROV, Tzvetan, *Devoirs et délices, une vie de passeur*, entretiens avec TODOROV, Tzvetan, *La signature humaine. Essais 1983-2008*, Paris, Le Seuil, 2009.
Catherine Portevin, Paris, Le Seuil, 2002.
VORPSI, Ornela, *La mano che non mordi*, Turin, Einaudi, 2007.
VORPSI, Ornela, *L'été d'Olta*, Paris, Gallimard, 2018.
WOLFSON, Louis, *Le schizo et les langues*, Paris, Gallimard, 1970.
YARGEKOV, Nina, *Double Nationalité*, Paris, P.O.L., 2016.
YILDIZ, Yasemin, *Beyond the Mother Tongue. The Postmonolingual Condition*, New York, Fordham University Press, 2012.
ZWEIG, Stefan, *Le monde d'hier*, Le Livre de Poche, Paris, 2015.

INDEX DES NOMS

RÉSUMÉS DES CONTRIBUTIONS

Rennie YOTOVA, « Avant-propos. Cette langue qui les unit »

Le Festival littéraire international de Sofia 2019 a mis à l'honneur les littératures francophones sous le thème « Révolution sur les cinq continents ». Un colloque a exploré l'identité et l'avenir du français en littérature. La langue française, souvent choisie par des auteurs non natifs, est perçue comme un outil de liberté, de dialogue et de reconstruction identitaire. La littérature francophone post-nationale transcende les frontières et renforce la solidarité culturelle.

Anne-Rosine DELBART, « La littérature française au carrefour des langues et des cultures »

La question du choix de la langue se pose pour un écrivain dès qu'il y a coexistence d'au moins deux idiomes et deux cultures dans son environnement social ou privé. Sont concernés les créateurs bi- ou plurilingues répartis sous les bannières de moins en moins bien marquées des littératures française et francophone(s). L'article met en lumière, au sein de cet ensemble composite, les atouts objectifs et subjectifs du choix du français pour les auteurs, mais aussi pour la littérature et la langue françaises.

Stoyan ATANASSOV, « L'immigré Tzvetan Todorov »

Cet article est une exploration de la vie de Tzvetan Todorov depuis son départ d'une Bulgarie totalitaire refusant de vivre non libre dans une société où le discours officiel et la vie publique contrastent avec la vie privée et les valeurs qui y sont associées, à son installation définitive qui implique une intégration à la société française et son retour au pays d'origine lui permettant d'avoir une réponse à ses nombreuses questions et à sa quête existentielle et identitaire.

Antoaneta Robova, « Exil existentiel et expériences exiliques au féminin dans trois romans de Milan Kundera »

L'article examine les variations sur le thème de l'exil et de l'émigration dans l'œuvre de Milan Kundera. Les formes de l'exil existentiel sont étudiées dans les cas de trois figures féminines représentatives de différentes conditions exiliques : Tamina, Sabina et Irena. À la lumière de leurs trajectoires romanesques sont dégagées les dominantes affective, esthétique et libératrice de l'expérience exilique, ainsi que ses manifestations traumatiques, oniriques, ambivalentes ou inversées.

Valbona Gashi Berisha, « La dimension identitaire dans l'œuvre de Kadaré »

Ismail Kadaré marque l'ouverture de la littérature albanaise sur le monde, mettant au premier plan l'identité albanaise et dressant dans l'image de chaque personnage la marque de l'honneur du nom et de la famille. La problématique de la dimension identitaire qui traverse l'œuvre de Kadaré est ici analysée à travers la relation société-individu.

Nerimane Kamberi, « Les deux auteures albanaises Bessa Myftiu et Ornela Vorpsi. "Se confesser" ou "cracher son venin" en français »

Pourquoi Bessa Myftiu et Ornela Vorpsi ont-elles, à l'instar de nombreux écrivains des Balkans, choisi d'écrire en français ? Pour expérimenter le bilinguisme, le multilinguisme et le multiculturel dans lesquels elles baignent ? Pour plus de commodité, vivant dans un pays francophone ? Pour être plus facilement publiées ? Migration, déracinement, identité hybride, cultures parallèles, imaginaire albanais, langue étrangère créée sur sa propre langue sont les thèmes au cœur de cette contribution.

Sara De Balsi, « Langue et identité dans *Marx et la Poupée* de Maryam Madjidi et *Double Nationalité* de Nina Yargekov. Vers un paradigme post-monolingue ? »

Cette contribution analyse la place des langues comme marqueurs d'identité dans deux romans autobiographiques récents : *Marx et la Poupée* de Maryam Madjidi (2017) et *Double Nationalité* de Nina Yargekov (2016). *Marx et la Poupée* met en scène une crise du « paradigme monolingue » (Yildiz 2012), tandis que *Double nationalité* renverse complètement ce paradigme dans une écriture caractérisée par une nouvelle perception du rapport à la langue, admettant une multiplicité d'appartenances.

Larissa LUICĂ et Simona NECULA, « Le français et la perte de l'identité dans *Comment peut-on être français ?* de Chahdortt Djavann »

Par l'étude du roman *Comment peut-on être français ?* de l'auteure iranienne Chahdortt Djavann, l'article montre le rôle de l'apprentissage de la langue dans la perte et la reconstruction d'une identité, en questionnant les problématiques de l'exil, des différences culturelles, de l'écart entre attentes et réalités, des libertés et des droits humains. Le difficile apprentissage d'une langue coïncide-t-il avec l'apprentissage d'un nouvel univers et l'adaptation à une nouvelle existence ?

Ibrahima NDIAYE, « Du purisme incarné dans *Giambatista Viko ou le viol du discours africain* (1975) de Georges Ngal au détournement de la langue française dans *La vie et demie* (1979) de Sony Labou Tansi »

L'écriture en langue française permet au sujet africain postcolonial de repenser son discours longtemps assujetti par celui hégémonique en langue européenne. Si dans *Giambatista Viko ou le viol du discours africain* de Georges Ngal, le purisme de la langue titille la littérature du Centre tout en se gardant de restituer la subjectivité du sujet périphérique, dans *La Vie et demie* de Sony Labou Tansi le style se démarque consciemment de la logique puriste pour s'imprégner de l'univers africain.

Luisa ETXENIKE, « Être aussi, être à nouveau »

L'écrivaine et traductrice originaire du Pays basque espagnol retrace son « éducation transfrontalière », une éducation linguistique, sentimentale et littéraire entre le français et l'espagnol. Elle revient également sur son choix d'écrire une partie de son œuvre en français, sous l'hétéronyme d'Antonia Lassa.

Anna MOÏ, « Meurtres sans préméditation »

Dans ce court texte, l'écrivaine française d'origine vietnamienne envisage l'écriture en langue seconde comme un meurtre de la langue maternelle qui fait advenir l'écriture.

Samira NEGROUCHE, « Prendre place dans la langue à travers les failles de l'Histoire »

L'autrice algérienne revient sur son rapport avec le français, l'ancienne langue coloniale dont elle revendique aujourd'hui l'usage littéraire, par-delà les préjugés persistants.

Georgia PROTOGEROU, « Vassilis Alexakis, un témoignage »

Georgia Protogerou restitue ici les propos de Vassilis Alexakis. À la fin de sa vie, l'écrivain grec réfléchit sur son œuvre bilingue, qui a enrichi, par des allers-retours constants, la littérature française et la littérature grecque.

Luan RAMA, « Écrire en français et venir d'ailleurs c'est pour moi construire des ponts… »

L'écrivain, traducteur et diplomate albanais revient sur son activité de médiation entre l'Albanie et la France, notamment par la traduction d'écrivains albanais en français. Il esquisse aussi des portraits d'intellectuels entre deux langues et entre deux mondes.

Kim THÚY, « Aimer amoureusement »

L'écrivaine québécoise d'origine vietnamienne cherche des liens inattendus entre le français et le vietnamien, sa langue maternelle, en interrogeant les mots et les expressions pour dire l'amour.

Magda CARNECI, « Choisir sa langue d'écriture est-il une forme de liberté ? »

La poète, essayiste et traductrice roumaine s'interroge sur son rapport avec la langue française, entre francophilie et rejet, entre quête de liberté et recherche incessante d'une pensée qui s'exprime au-delà de la langue.

Max LOBE, « L'oralité en littérature. Une quête de l'essence des choses »

L'écrivain suisse d'origine camerounaise reparcourt les récits sur sa naissance que lui faisait sa mère et leurs variations, pour dévoiler la primauté de l'oralité dans sa poétique.

Elitza GUEORGUIEVA, « La langue comme une demeure »

L'écrivaine française d'origine bulgare revient ici sur son parcours linguistique et sur son rapport avec la langue française, qu'elle envisage à la fois comme une demeure et comme un espace d'étrangeté dont elle a besoin pour écrire.

TABLE DES MATIÈRES

PAROLES D'ÉCRIVAINS

COLLECTION « RENCONTRES »

Cette collection est le lieu d'accueil de recherches collectives, actes de colloques, mélanges, ouvrages de synthèse, en littérature et sciences humaines.

Retrouvez tous les titres de la collection en scannant ce code QR :

Et pour recevoir nos dernières actualités, abonnez-vous ici :

IMPRIM'VERT®

Achevé d'imprimer par Corlet,
Condé-en-Normandie (Calvados),
en Juin 2025
N° d'impression : 188203 - dépôt légal : Juin 2025
Imprimé en France